Walter Rebell

Der Kruzifix-Mord

Walter Rebell

Der Kruzifix-Mord

Roman

Fromm Verlag

Imprint

Cover image: www.ingimage.com

Publisher:
Fromm Verlag
is a trademark of
International Book Market Service Ltd., member of OmniScriptum Publishing Group
17 Meldrum Street, Beau Bassin 71504, Mauritius
Printed at: see last page
ISBN: 978-613-8-36552-5

ALS SICH DER THEOLOGIESTUDENT HORST L. der Villa seines alten Professors Otto F. näherte, sah er schon von Weitem, dass etwas nicht stimmte. Vor der Villa, die in einer stillen Seitenstraße lag, standen zwei Polizeifahrzeuge. Stand auch ein Rettungswagen. Horst L. beschleunigte seinen Schritt. Was war da los? Was war passiert?

Horst L., beschleunige nicht deinen Schritt, verlangsame ihn lieber. Besser noch: Kehr um, geh nach Hause, geh ins Studentenheim, in dein Zimmer. Dann bleibt dir ein schrecklicher Anblick erspart. Dann siehst du nicht den 83-jährigen Otto F., wie er in unnatürlicher Haltung über seinem Schreibtisch liegt. Mit einem kleinen kreisrunden Loch in der Stirn. Der Theologieprofessor Otto F., den du so sehr schätzt, Horst L., der dein väterlicher Freund geworden ist, wurde erschossen. Vom Garten aus. Durch das Fenster. Am helllichten Tage.

Horst L. hatte den Vormittag und den halben Nachmittag in der Bibliothek zugebracht. Die war im 8.Stock, und man hatte von dort einen schönen Ausblick über das Tal und den See. Horst L. sollte am Vormittag zwei Stunden und am frühen Nachmittag nochmals zwei Stunden im Erdgeschoss zugebracht haben: von 10 bis 12 Uhr in einem der Hörsäle, Vorlesung: „Neutestamentliche Zeitgeschichte“, von 13 bis 15 Uhr in einem der Seminarräume, Lektürekurs: „Das Johannesevangelium“. „Neutestamentliche Zeitgeschichte“, „Johannesevangelium“ – verpasst, wieder einmal verpasst, man wollte nicht hingehen, man konnte es nicht, man stand schon vor der Tür, vor der Tür des Hörsaals, dann vor der Tür des Seminarraums, aber man ging nicht hinein, da war wieder diese Blockade. Es wurde einem von innen zugewinkt, es wurde gerufen: „Hallo, Horst!“, dann auch noch: „Komm doch, ich habe dir einen Platz freigehalten!“ Aber Horst L. kam nicht. Beide Male nicht. Er drehte sich beide Male auf dem Absatz um und hastete zum Aufzug. Keuchte dort, dabei war er gar nicht weit gerannt. Es war etwas anderes, was ihn keuchen ließ: die Angst. Die Angst vor Menschen.

Wenn man Autist ist, sollte man nicht Theologie studieren. Man sollte überhaupt nicht studieren. Man sollte sich Wissen selber aneignen. Am Computer. Oder in einer Bibliothek.

Die Bibliothek! Die theologische Bibliothek! Immer wenn Horst L. sie betrat, kam Ruhe über ihn. Er ging den Mittelgang entlang. Links an der Fensterfront standen die Lesetische. Rechts die Bücherregale. Man holte sich seine Bücher und setzte sich dann an einen der Tische. Hin und wieder warf man einen Blick aus dem Fenster, man ließ die Augen über das Tal und den See schweifen. Nach solch einer kleinen Pause war man umso konzentrierter bei der Sache. Bei der Lektüre. Im Stoff. Zum Beispiel in einem Buch über neutestamentliche Zeitgeschichte. Politische und geistige Situation zur Zeit Jesu. Oder man las ein Buch über das Johannesevangelium. Ein durchgeistigter, fast nicht mehr irdischer Jesus kam einem dann entgegen. Mit seinem Versprechen, Sehnsüchte zu erfüllen. *Ich bin das Brot des Lebens. Wer zu mir kommt, den wird nimmermehr hungern, und wer an mich glaubt, den wird nimmermehr dürsten.* Wenn man so etwas las, konnte es passieren, dass man vergaß, aus dem Fenster zu schauen. Tal und See waren einem dann egal. Es zog etwas an einem. Zu diesem Jesus und seinem Angebot hin. Theologie kann Faszination sein. Rudolf Bultmanns Interpretation des Johannesevangeliums: Das Johannesevangelium will zeigen, wie eigentliches Leben in einer uneigentlich verstandenen Welt möglich ist.

Horst L. setzte sich nie an einen der Tische links. Er holte sich dort nur einen Stuhl. Und dann ließ er sich zwischen den Bücherregalen nieder. Um allein zu sein. An jenem Tag, an dem der Theologieprofessor Otto F. erschossen wurde, las Horst L. in Bultmanns Kommentar zum Johannesevangelium. Las über eigentliches Leben. Las sich in Bultmann hinein, wühlte sich hinein. Bultmann, der begnadete Johannesausleger! Er brachte einem den johanneischen Jesus wirklich nahe! Aber Moment mal, war Bultmann überhaupt gläubig? Hatte er nicht in schweren Anfechtungen seinen Glauben verloren? Und sich dann in die Kerygma-Theologie hineingerettet? *Jesus ist ins Kerygma hinein auferstanden.* In die Predigt der Kirche also. Nur dort ist er. Ihn als Person gibt es nicht. Der auferstandene Herr, dem man persönlich begegnen kann? Eine Fiktion. Bultmann sagt es nicht so, aber es ist seine Überzeugung.

Horst L. saß da, klappte den Kommentar zu, hatte genug von diesem ungläubigen Johannesausleger, konnte dessen Buch nicht weiterlesen. Und wenn Bultmanns Anfechtungen auch *seine eigenen* waren? Dann galt: sich von Bultmann fernhalten, damit nicht noch mehr von dem Gift ins eigene Blut geriet. Aber das Gift war schon drin, und eine kleine Quantität reichte. Ist das Christentum überhaupt wahr? Oder ist es ein Illusionsgebilde um eine Illusionsfigur herum? Horst L. stellte den Kommentar ins Regal zurück. Und jetzt ging er doch zu der Fensterfront. Aber er setzte sich nicht, er blieb stehen. Vor der Fensterfront. Sein Blick verlor sich in der Ferne.

Der Kommentar war ins Regal zurückgestellt, aber er war immer noch da. War in Horst L.s Kopf. Die Seiten 130 bis 138 waren es. Das ist normal - was man gelesen hat, begleitet einen. Aber es war nicht normal. Der Autist Horst L. hatte ein absolutes Gedächtnis, und wenn er etwas las, fotografierte sein Gehirn es ab. Die gelesenen Seiten setzten sich in seinem Kopf fest, wortwörtlich, die wurde er so schnell nicht wieder los. Nach einigen Wochen oder Monaten erst. Und als er an der Fensterfront stand und sein Blick sich in der Ferne verlor, zirkulierte existentialtheologisches Bultmann-Gift in ihm. *Den Lebensdurst, der im körperlichen Durst sich meldet, stillt die Offenbarung radikal; sie vermag also, was kein Lebensmittel der Welt – und deren vornehmstes und unentbehrlichstes ist eben das Wasser – vermag. Aber sie vermag es nur dann, wenn der Mensch es aufgibt, nach natürlichem Wasser, als nach dem, was sein Leben erhalten könne, zu suchen, wenn er nicht mehr das Uneigentliche mit dem Eigentlichen verwechselt.*

„Horst, ich möchte ein solches Gedächtnis haben wie du. Das ist so praktisch für Prüfungen."

Host L. drehte sich um. Vor ihm stand Rosa und lächelte. Rosa war es auch, die ihm aus dem Seminarraum zugerufen hatte: „Komm doch, ich habe dir einen Platz freigehalten!"

„Funktioniert dein absolutes Gedächtnis eigentlich auch beim Hören?", fuhr Rosa fort. „Speicherst du auch Vorlesungen wortwörtlich ab?"

Horst L. musterte Rosa. Die lächelte tapfer weiter. Lächeln gegen Mustern. Wenn man sich in einen Autisten verliebt hat, braucht man viel Geduld.

„Ja, funktioniert auch beim Hören", sagte Horst L. schließlich widerwillig.

„So, nun gehen wir einen Kaffee trinken." Rosa hakte sich bei Horst L. unter, und der wurde abgeschleppt. Wurde aus der Bibliothek herausgeschleppt. Mitsamt Bultmann-Gift in ihm. Abschleppen – so muss man mit einem Autisten umgehen. Man muss ihn einfach abschleppen. Rosa hatte Horst L. auch schon in Vorlesungen und Seminare geschleppt. Hatte sich einfach bei ihm untergehakt und ihn in Hörsaal oder Seminarraum dirigiert. Jetzt dirigierte sie ihn in die Cafeteria.

„Ich habe nicht viel Zeit", sagte Horst L., als sie sich gegenübersaßen. „Ich muss bald zu Professor Fuhrmann. Zu meinem Textkritik-Seminar."

Horst L. und Rosa in der Cafeteria in der Mitte des Nachmittags – das war die Zeit, in der Otto F. erschossen wurde. Da betrat jemand den kleinen, stillen Garten, sah durch das Fenster den Professor am Schreibtisch sitzen, richtete eine Pistole auf ihn und drückte ab. Horst L. konnte dieser Jemand nicht gewesen sein. Falls man auf den Gedanken kommen sollte, ihn zu verdächtigen, hatte er ein Alibi. Rosa würde ihn entlasten. Sie würde sagen: „Ich war mit ihm zusammen. In der Cafeteria." Aber warum sollte man ihn verdächtigen? Weil *alle* in einem Mordfall verdächtig sind. Alle, die eine Beziehung zum Opfer hatten. Und Horst L. hatte eine sehr enge Beziehung zu Otto F. Der war sein väterlicher Freund.

Sein väterlicher Freund? Immer noch? Auch seit der Reise nach Genf vor vier Wochen noch? Otto F. wollte sich in Genf ein altes Manuskript ansehen, das Bruchstück eines apokryphen Evangeliums. Neu aufgetaucht, aus dem Wüstensand Ägyptens geborgen, jetzt auf dem Markt, angeboten zu einem horrenden Preis. Aber war der Text überhaupt echt? Oder war er eine Fälschung? Otto F. würde es beurteilen können. Und er nahm auf die Fahrt nach Genf, wo ihm der Text vorgelegt und zum Kauf angeboten werden sollte, Horst L. mit.

Seit jener Reise gab es für Horst L. zwei Otto F.s Da war noch immer der väterliche Freund, aber da war jetzt auch ein verfluchter alter Mann, Auslöser einer Glaubenskrise. Auslöser einer Glaubenskrise? Nein, Otto F. war nicht der Auslöser von Horst L.s Glaubenskrise, er schürte sie nur. Die Glaubenskrise war schon lange da, die hatte Horst L. überhaupt erst zum Theologiestudium gebracht, dort wollte er Klarheit gewinnen. Das Christentum: wahr oder falsch? Eine Illusion oder nicht? Theologen wie Bultmann bestärkten Horst L. in dem Verdacht: „Illusion". Und jetzt war der Autor eines alten Manuskripts dazugekommen. Sein Text hatte das Potential, Horst L.s Verdacht zur Gewissheit werden zu lassen. Es war ein Autor aus dem Urchristentum mit enormer Autorität. Gegen ihn gehalten war Bultmann ein Seiltänzer.

Wenn der Text aus Genf echt war, würde für Horst L. das Christentum bald erledigt sein. Aber noch kämpfte er um seinen Glauben.

Otto F. hatte gesagt: „Der Text ist echt."

Verfluchter alter Handschriftenforscher!

Aber irrte er sich vielleicht?

Und welcher Autor war es, dem sich der Text verdankte? – Horst L. versuchte, den Namen zu verdrängen, er sprach ihn nie aus, er wollte sein Gedächtnis von ihm säubern, von dem ganzen Text säubern, der sollte raus, sollte auf den Müll. Aber das absolute Gedächtnis hielt alles fest. Hielt den Text des apokryphen Evangeliums wortwörtlich fest.

Sollte man Horst L. den Rat geben: „Sprich doch mal mit jemandem darüber. Zum Beispiel jetzt in der Cafeteria mit Rosa."?

„Ja", rief der Text, der teuflische Text, „ich will auch in Rosa hinein! Zitiere mich ihr, Horst L., damit auch in sie der Geist der Kritik kommt. Ich kann ihren naiven, kindlichen Glauben nicht ausstehen."

Ein Theologiestudent, der unter Glaubenszweifeln litt, saß mit einem Mädchen, das noch nicht seine Freundin war, aber vielleicht bald werden würde, in einer Cafeteria. Er rührte in seinem Kaffee. Er hatte nicht die Macht, einen zerstörerischen Text aus seinem Gedächtnis zu vertreiben. Aber er hatte die Macht, der Versuchung zu widerstehen, den Text auch auf das Mädchen loszulassen.

Rosa fragte: „Wie viele seid ihr eigentlich in dem Textkritik-Seminar?"

Horst L. rührte noch immer in seinem Kaffee, rührte sich von dem zerstörerischen Text weg, und sagte schließlich: „Ich bin der einzige Teilnehmer, wusstest du das nicht? Deshalb findet das Seminar auch bei Fuhrmann zu Hause statt. Für eine Veranstaltung mit einem einzigen Teilnehmer stellt die Uni keinen Raum zur Verfügung."

„In einer privaten Atmosphäre zu arbeiten, muss sehr angenehm sein."

„Ist es, ist es." Horst L. wurde lebendiger. Der Gedanke an Otto F. machte das. Der Gedanke an den Otto F. *vor* Genf. Dieser Otto F. schob sich jetzt wieder in den Vordergrund. Und ihn sah Horst L. vor sich, als er weitersprach: „Das Seminar mit Fuhrmann bereitet mir große Freude. In der Pause kommt immer die Ehefrau, eine reizende alte Dame, sehr engagiert in der Kirchengemeinde, sie ist Presbyterin, und bringt selbstgebackene Kekse und Kaffee. Aber wir machen die Pause nie lang, wir wollen schnell wieder an die Arbeit.“

Und wenn die Ehefrau das Arbeitszimmer ihres Mannes einmal nicht durch die Tür betrat, sondern von außen durch den Garten kam, und zwar ohne Tablett mit Kaffee und Keksen, dafür aber mit Pistole? Und dann, als der Ehemann sie durch das Fenster verwundert ansah, die Pistole hob und schoss?

Alle sind in einem Mordfall verdächtig. Alle, die eine Beziehung zum Opfer hatten.

Im Gegensatz zu Horst L. verfügte die Ehefrau über kein Alibi.

Und welches Motiv könnte sie gehabt haben?

Dass der Theologen-Ehemann mit seiner Textkritik ihren Glauben bedrohte?

Aber kann man mit Textkritik überhaupt den Glauben bedrohen?

In einer Geschichte, in der ein Theologieprofessor ermordet worden war, spielte plötzlich Textkritik eine Rolle.

Rosa seufzte: „Ach, Textkritik. Ich habe solche Mühe damit. Horst, könntest du mir mal erklären, was Textkritik überhaupt ist?“

Horst L. schaute auf die Uhr: „Ich muss in fünf Minuten aufbrechen.“

Rosa: „Versuch es trotzdem.“

Jetzt seufzte Horst L., aber er begann zu erklären: „Die Urtexte der neutestamentlichen Schriften sind nicht erhalten, nur spätere Kopien. Wir verfügen über 50 komplette Handschriften des Neuen Testaments, 120 fast vollständige und 4000 Teilhandschriften. Hinzu kommen die alten Übersetzungen und Zitate aus neutestamentlichen Schriften bei den Kirchenvätern. Beim Abschreiben der Texte kamen zwei Arten von Fehlern vor: unwillkürliche, man schrieb etwas falsch ab, und willkürliche, man griff verbessernd in den Text ein. Die Textkritik hat die Aufgabe, durch den Vergleich der Handschriften einen Text des Neuen Testaments zu erstellen, der dem Urtext möglichst nahe kommt. Das ist nicht einfach, weil insgesamt 250.000 Varianten vorliegen.“

„250.000 Varianten?“ Rosa wurde blass. Der Geist der Bibelkritik bewirkte das. Er war plötzlich da, war mit der Zahl 250.000 gekommen. Hielt triumphierend Einzug im Gemüt eines lieben, gläubigen Mädchens. Der neutestamentliche Text, auf dem der ganze christliche Glaube ruht, ist also nicht sicher überliefert. Ist mit 250.000 Varianten überliefert. Dann gibt es keine stabile Basis mehr. Dann steht man als Glaubender, als Glaubende vor dem Abgrund.

Horst L., greif ein! Rette, was zu retten ist! Die Zahl 250.000 hättest du nicht nennen dürfen. Was du jetzt noch tun kannst, ist, sie zu relativieren.

In zwei Minuten die Bedeutung von 250.000 Varianten relativieren, geht das?

Es geht, wenn man ein absolutes Gedächtnis hat. Horst L. schlug das Markusevangelium auf, in seinem Kopf, und las auf Griechisch 2,25a vor: „ ‚Kai legei autois. Und er sagt ihnen.‘ Er, das ist Jesus. Er hebt also an zu reden. Im Griechischen wird das mit drei Wörtern ausgedrückt: Kai legei autois. – Kannst du mir folgen, Rosa?“

Erspar dir solche Zwischenfragen, Horst L., du hast nicht mehr viel Zeit. Du musst in einer Minute und vierzig Sekunden aus Rosa den Geist der Bibelkritik vertreiben, dem du dort unbedacht Einlass gewährt hast.

„Und nun zu diesen drei Wörtern die Varianten. In zwei Varianten kommt das griechische Wort autos vor, es bezeichnet hier ein verstärktes *er*. Man kann es nicht gut übersetzen, am besten noch so: *er selber*. Die beiden Varianten mit autos heißen dann: ‚Und er selber sagte ihnen‘ sowie ‚Und er selber sagt ihnen‘. Dann gibt es noch zwei weitere Varianten: ‚Und er antwortete und sprach‘ sowie ‚Und er sagte‘. Zu einem kurzen Satz mit drei griechischen Wörtern kommen also vier Varianten oder Lesarten hinzu. Aber jedes Mal wird dasselbe ausgedrückt, nämlich, dass Jesus zu reden anfängt. Ob nun hier *er* steht oder *er selber* und ob das Ganze im Präsens oder Präteritum gesagt wird, ist egal. Es ändert den Sinn nicht. Und jetzt pass auf, Rosa: Wenn diese kurze Sequenz im griechischen Text in fünf Varianten existiert, wird verständlich, dass es zum gesamten Neuen Testament 250.000 Varianten gibt. Aber sie ändern den Sinn nicht. Das Neue Testament ist im Ganzen sehr zuverlässig überliefert. Einige wenige Stellen gibt es freilich, wo eine textkritische Entscheidung eine größere Sinnverschiebung bewirkt. Aber diese Stellen fallen nicht ins Gewicht. Halten wir also fest: Textkritik kann dem Neuen Testament als Basis des Glaubens nichts anhaben.“

Die Zeit war um, Horst L. musste aufbrechen. Musste sich auf den Weg zu seinem Textkritik-Professor machen. Zu seinem *erschossenen* Textkritik-Professor, aber von dem Mord wusste er ja noch nichts.

Und Rosa? Die blieb erleichtert zurück. Deren Glauben hatte keinen Schaden genommen. 250.000 Varianten hatten ihn nicht infrage stellen können, die waren jetzt erledigt. Textkritik – eine Sache für Spezialisten, nicht für Rosa.

Aber da täuschte sie sich. Jeder Theologiestudent und jede Theologiestudentin müssen etwas Textkritik beherrschen. Um selbständig mit dem Neuen Testament arbeiten zu können. Um die textkritischen Entscheidungen nachvollziehen zu können, die die Herausgeber des griechischen Neuen Testaments getroffen haben. Doch wo soll man sein Basiswissen in Textkritik herbekommen?

Ein Einführungsbuch in die Textkritik muss her. Es existiert nicht. Wer könnte es schreiben?

Ein Professor für Neues Testament, der schon fünfzehn Jahre emeritiert war, aber immer noch arbeiten wollte, arbeiten arbeiten arbeiten, kam auf den Gedanken, ein Buch zu schreiben, das Studienanfängern Basiswissen in Textkritik vermitteln sollte: Otto Fuhrmann, Einführung in die Textkritik des Neuen Testaments. Vorerst gab es nur den Titel und die Idee, noch nichts Geschriebenes. Aber jeden Tag wurde überlegt, wie man das Buch anlegen sollte. Otto F.s Problem war, dass er ganz verständlich schreiben wollte. Wirklich für Anfänger. Sobald er ein paar Zeilen auf dem Papier hatte, strich er sie wieder durch. Zu kompliziert! Und so ging es tagein, tagaus. Die Ehefrau, jene reizende alte Dame, kam nachmittags mit selbstgebackenen Keksen und Kaffee in Otto F.s Arbeitszimmer, das direkt an einen kleinen, stillen Garten grenzte, von ihm nur durch eine große Fensterscheibe getrennt, und fragte jedes Mal: „Hast du schon eine Idee, wie du das Buch verständlich machst?“

Otto F. hatte noch keine. Er aß die Kekse, trank den Kaffee, schaute in den Garten, blieb aber ohne Idee. Doch eines Tages hatte er eine. Er sagte: „Ich werde das Buch mit deiner Hilfe schreiben, Eleonore.“

Eleonore ließ fast das Tablett fallen. Kekse und Kaffee waren noch nicht auf Otto F.s Schreibtisch abgestellt, wären also mitgefallen.

„Ich – dir helfen? Wie stellst du dir das vor?“

„Du weißt, dass ich ein Buch schreiben möchte, das Anfänger wirklich verstehen. Textkritik ist kompliziert, aber ich will die Sache auf das Niveau einfachster Gemüter bringen. Jeder soll verstehen, was ich geschrieben habe. Und ich werde es so machen: Ich konzipiere einige Seiten, dann trage ich sie dir vor. Du kannst meinetwegen dabei deine Kekse essen. Und dann diskutieren wir. Du sagst mir, ob du alles verstanden hast. Wenn *du* es verstanden hast, werden es alle anderen ebenfalls verstehen.“

Eleonore F. und Otto F. – das war noch die alte Generation. Wenn da der Mann etwas sagte, gab es seitens der Frau keine Widerrede. Und so musste sich Eleonore F. in den nächsten Wochen und Monaten die Ohren mit Textkritik vollstopfen lassen.

Eine reizende alte Dame, die im Presbyterium ihrer Kirchengemeinde tätig war, hatte Jahrzehnte des Lebens mit einem Theologen-Ehemann, einem Professor für Neues Testament, unbeschadet überstanden. Nichts von dem Geist der Bibelkritik, mit dem die Gehirne der Professoren für Neues Testament bis zum Überfließen angefüllt sind, war in sie eingedrungen. Sie hatte sich geschützt. Sie hatte theologische Gespräche mit ihrem Mann stets vermieden. Sollte der doch mit seinen Kollegen diskutieren! Sie, Eleonore F., diskutierte über Bibeltexte im Bibelkreis der Kirchengemeinde. Einmal hatte man sich über einen wunderbaren Text aus dem Johannesevangelium ausgetauscht: Jesus und die Ehebrecherin. *In der Frühe erschien er wieder im Tempel, und alles Volk kam zu ihm. Und er setzte sich und lehrte sie. Die Schriftgelehrten aber und die Pharisäer brachten eine Frau herbei, die beim Ehebruch ertappt worden war, stellten sie in die Mitte und sagten zu ihm: „Meister, diese Frau ist auf frischer Tat beim Ehebruch ertappt worden. Im Gesetz aber hat uns Mose geboten, eine solche zu steinigen. Was sagst du nun?" Das sagten sie, um ihn zu versuchen, damit sie eine Anklage gegen ihn hätten. Jesus aber bückte sich nieder und schrieb mit dem Finger auf die Erde. Als sie jedoch hartnäckig weiterfragten, richtete er sich auf und sprach zu ihnen: „Wer von euch ohne Sünde ist, werfe den ersten Stein auf sie." Dann bückte er sich wieder nieder und schrieb auf die Erde. Als sie aber das gehört hatten, gingen sie weg, einer nach dem anderen, angefangen mit den Ältesten. Und er blieb allein zurück und die Frau, die in der Mitte stand. Da richtete sich Jesus auf und sprach zu ihr: „Frau, wo sind sie? Hat dich keiner verurteilt?" Sie aber sprach: „Keiner, Herr." Da sprach Jesus zu ihr: „Auch ich verurteile dich nicht. Geh hin und sündige von jetzt an nicht mehr."*

Jesus und die Ehebrecherin …

Es war klar, dass Otto F. diese Geschichte in seinem Buch über Textkritik behandeln würde. Er musste es tun. Er durfte seinen Leserinnen und Lesern nicht verschweigen, dass hin und wieder, ganz, ganz selten, ein Textabschnitt des Neuen Testaments textkritisch nicht zu halten ist. Sekundär ist, später hinzugefügt, auf gar keinen Fall Urtext. Und die Geschichte von Jesus und der Ehebrecherin gehört zu diesen Textabschnitten. Sie ist das prominenteste Beispiel.

Eleonore F. saß neben ihrem Mann am Schreibtisch und wurde blass, als er ihr sein Urteil, sein wissenschaftlich begründetes Urteil, über die Geschichte vorlas. Sie selber las mit. Sie hörte und las. Doppelt drang der Geist der Bibelkritik in sie ein. Jahrzehntelang hatte sie sich schützen können, aber jetzt auf einmal: Totalangriff.

Otto F. bekam nicht mit, was er anrichtete. Er hätte sofort relativieren müssen. Er hätte sagen müssen: „Die Forschung sieht diese Geschichte als Wanderperikope an. Auch wenn sie nicht Evangelientext ist, sie ist authentisch. Sie ist jesuanisch. Sie lief in der mündlichen Überlieferung um, einen Platz in den Evangelien hatte sie nicht gefunden. Das meiste, was Jesus gesagt und gemacht hat, ist nicht aufgezeichnet. Man lese einmal, was Jesus den Evangelien gemäß gesprochen hat, da ist man in einer Stunde fertig. Jesus hat aber in der Zeit seines Wirkens mehr als nur eine Stunde gesprochen! Das meiste von dem, was er gesagt hat, ist verloren. Es hielt sich noch einige Zeit in der mündlichen Überlieferung, wurde von einem zum anderen weitergetragen, schließlich wurde es vergessen. Also: Es gibt eine Geschichte von Jesus und einer Ehebrecherin, die keinen Platz in den Evangelien fand. Aber sie wurde nicht vergessen. Und eines Tages fügte man sie in eines der fertigen Evangelien nachträglich ein. Hätte man das nur mit anderen Geschichten von Jesus auch noch gemacht!"

So hätte Otto F. sprechen müssen. Sprechen und schreiben. Aber er hatte die schöne Geschichte von Jesus und der Ehebrecherin kurz und trocken abgefertigt. Kein Urtext. Punkt, Ende.

Eleonore F. stand vom Schreibtisch auf. „Mir ist nicht gut, ich muss mich hinlegen“, stammelte sie.

Otto F. brummte etwas Unverständliches und hob nicht einmal den Kopf. Er war ganz in seine Welt eingetaucht, in die Welt der Textkritik. Aber am nächsten Tag wurde er dort herausgeholt. Da stand seine Frau vor ihm und sagte: „Ich arbeite an deinem Buch nicht mehr mit. Ich lasse mir meinen Glauben nicht kaputt machen.“

War er nicht schon kaputt? Zumindest hatte er einen Riss. Und Wut auf den Ehemann war da.

Wut auf den Ehemann? Davon spürte Horst L., der später Eleonore F.s Stelle einnahm, nichts. Für ihn war sie die reizende alte Dame mit selbstgebackenen Keksen und Kaffee. Ja, ja, reizende alte Dame. Das wollte Eleonore F. bleiben. Aber nach dem Vorfall mit der Geschichte von Jesus und der Ehebrecherin spielte sie die reizende alte Dame nur noch. Die Wut auf den Ehemann blieb. Wurde unterdrückt, aber blieb. Und der Riss in ihrem Glauben wurde immer breiter.

Für Otto F. war die Sache einfach. Wenn die Ehefrau nicht mehr will, muss eben ein Student her. Am besten ein Anfänger. Also: ein Seminar für Textkritik ankündigen, man hat ja als emeritierter Professor immer noch das Recht zu lehren. *Ein* Teilnehmer muss kommen, einer genügt. Mehr würden stören. *Einen einzigen* braucht man, und zu dem baut man eine gute Beziehung auf, der soll einem ja einige Semester treu bleiben. Der soll helfen, das Buch voranzubringen.

Und wie hält man weitere Teilnehmer fern?

Das hängt von der Formulierung im kommentierten Vorlesungsverzeichnis ab. Dort muss stehen: „Telefonische Anmeldung nötig“ und: „begrenzte Teilnehmerzahl“. Nach der ersten Anmeldung schließt man das Seminar. Als Emeritus kann man sich das erlauben.

Eine Villa in einem stillen Wohnquartier nahe dem Universitäts-Campus, nur eine Viertelstunde Fußweg entfernt, wisperte Horst L. schon von Weitem zu: „Da kommst du ja, du dringend gebrauchter Student, Ersatzmann für die Ehefrau. Lass den Campus mit den zwölf achtstöckigen Gebäuden und den 25.000 Studenten hinter dir, tritt in eine Welt der Ruhe ein. Einziger Teilnehmer eines Seminars, gefällt dir das? Private Atmosphäre. Der Professor ist ein freundlicher alter Herr. Die Ehefrau ist eine reizende alte Dame; sie wird in der Pause selbstgebackene Kekse und Kaffee servieren. Ist das nicht ein schöner Rahmen zum Arbeiten?“

Was eine Villa so wispert. Sie wisperte genau das Richtige für einen Autisten. Als Horst L. dann, nach herzlichem Empfang, in das Arbeitszimmer eintrat, das eine einzige Bibliothek war, mit Bücherregalen bis unter die Decke, kam endgültig Ruhe über ihn. Die Bibliotheken-Ruhe kam. Der Professor fragte nicht viel, er zog Horst L. sofort in die Arbeit hinein. Horst L. versank mit ihm zusammen in die Welt der Textkritik. Eine Welt für Autisten. 250.000 Varianten schotten dich vom wirklichen Leben ab, das tut gut. Auch der Professor ist irgendwie Autist. Wie er sich da mit seiner Lupe über alte Handschriften beugt … Er ist auch Handschriften-Forscher. Man fühlt sich heimatlich in diesem Autisten-Arbeitszimmer, in dieser Autisten-Privatbibliothek mit Blick auf einen kleinen, stillen Garten. In dem ist nie jemand. Später wird da einmal ein Mann mit Pistole auftauchen, aber erst in anderthalb Jahren. Anderthalb Jahre wird man eine glückliche Zeit mit diesem Professor verbringen. Es zieht einen jede Woche wieder magisch zu dessen Villa. Man käme nie auf den Gedanken, vor der Villa auf dem Absatz umzukehren und wegzulaufen. Und der angefochtene Glaube? Der wird durch Textkritik nicht weiter angefochten, das hat man schnell begriffen. Als man zur Geschichte von Jesus und der Ehebrecherin kommt, erzählt Otto F. das mit der Wanderperikope – was er damals seiner Frau hätte erzählen müssen. Das hätte der viel erspart.

Wenn bei der textkritischen Arbeit in der Villa von Otto F. ein heimlicher Beobachter dabei gewesen wäre, hätte er eines Tages Horst L. ins Ohr geflüstert: „Schau dir einmal deinen Professor genauer an. Fällt dir nichts auf? Hat sich dein väterlicher Freund nicht verändert? Ist da nicht etwas Besorgniserregendes?“

Aber Horst L. schaute sich Otto F. nicht genauer an. Er schaute ihn überhaupt nicht an, die beiden saßen nebeneinander und schauten gemeinsam auf Handschriften oder auf Otto F.s Buchtext. Bei der Begrüßung und beim Abschied, da schauten sie sich allerdings an. Dann lächelte Otto F. stets, und an diesem Lächeln blieb Horst L. hängen, nur das sah er. Die Veränderung Otto F.s, die erschreckende Veränderung, sah er nicht.

Aber etwas anderes Erschreckendes sah Horst L. eines Tages: ein Foto mit zwei kleinen Kindern, die ganz merkwürdig blickten. Am Betrachter vorbei. Mit seltsam starren Augen. Mit Augen, die einem Angst machen konnten. Horst L. sah dieses Foto im Wohnzimmer, es hing dort an der Wand. Horst L. war nie in dem Wohnzimmer gewesen, erst nach einem Jahr betrat er es zufällig. Und sofort fiel sein Blick auf das Foto.

„Das sind unsere Enkelkinder“, sagte Eleonore F. Und nach einer Weile fügte sie hinzu: „Sie sind beide blind. Sind blind geboren.“

In diesem Augenblick betrat Otto F. das Wohnzimmer. Er hatte mitgehört, was seine Frau gesagt hatte, und sagte seinerseits: „Man könnte ihnen helfen, ihre Form von Blindheit ist behandelbar, die beiden könnten in den USA operiert werden, aber die Krankenkasse übernimmt die Kosten nicht. Sie sind zu hoch.“

Und dann zeigte Otto F. ein Verhalten, dass Horst L. ihm nie zugetraut hätte, von dem er völlig überrascht war. Otto F. ballte die Fäuste, bekam einen hochroten Kopf und rief mit sich überschlagender Stimme: „Ich werde einen Weg finden, ich werde das Geld auftreiben!“

Dann verließ er das Wohnzimmer wieder.

„DER MÖRDER MUSS ÜBER DIESE KLEINE MAUER geklettert sein. Er kam offenbar von der Stichstraße dort. Und dann ging er die paar Schritte über den Rasen bis vor das Fenster. Vor das offenstehende Fenster."

Horst L. war der Zutritt zur Villa verweigert worden. Aber in den Garten hatte ihn ein Polizist geführt. Horst L. stand jetzt da, wo der Mörder den Schuss abgegeben haben musste. Otto F. lag noch immer in unnatürlicher Haltung über seinem Schreibtisch.

„Halten Sie den Anblick aus? Kann ich Sie hier an Ort und Stelle befragen?", wollte der Polizist wissen.

Autisten nehmen ihre Umwelt ohne Emotionen wahr. Sie nehmen auch ihre Mitmenschen ohne Emotionen wahr, das ist ja das Problem. Das macht den Umgang mit ihnen so schwierig. Einen Autisten braucht man nicht zu fragen, ob er einen bestimmten Anblick aushält, er hält alles aus. Der Polizist bekam auf seine Fragen keine Antwort, aber er spürte, dass er zur Befragung schreiten durfte. Doch bevor er etwas sagen konnte, sprach Horst L. Er sprach jedoch nicht zu dem Polizisten, er sprach in sich hinein: „Das Fenster, das Fenster ... Es stand doch nie offen."

Der Polizist horchte auf: „Das Fenster stand nie offen? Warum hat uns die Ehefrau das nicht erzählt?"

Horst L.: „Auch an heißen Sommertagen blieb das Fenster geschlossen. Professor Fuhrmann war empfindlich gegen Zugluft."

Der Polizist: „Heute stand es sperrangelweit auf. Seltsam. Als ob es für den Mörder geöffnet worden wäre. Damit er nicht durch Glas schießen musste. Und noch etwas ist seltsam."

Horst L.: „Was?"

Der Polizist: „Als der Professor sah, dass eine Pistole auf ihn gerichtet wurde, wäre die normale Reaktion diese gewesen: aufspringen und aus dem Zimmer laufen wollen. Die Kugel hätte ihn dann nicht in der Stirn getroffen, sondern seitlich im Kopf oder hinten. Aber so, wie es passiert ist, sieht es aus, als ob der Professor dem Mörder seine Stirn geradezu dargeboten hatte."

Horst L., nachdenklich: „Stimmt. Hinzu kommt, dass der Schreibtischstuhl gerade vor dem Schreibtisch steht und nicht verrückt wurde. Professor Fuhrmann blieb angesichts seines Mörders ruhig sitzen."

Der Polizist: „So scheint es gewesen zu sein."

Horst L.: „Was liegt eigentlich dort auf dem Schreibtisch?"

Der Polizist: „Ein Kruzifix. Der Mörder muss es dahin geworfen haben. Die Ehefrau sagte uns, dass es nicht aus dem Haus stamme."

Horst L. trat näher an das Fenster heran. Auf dem Schreibtisch, neben Otto F.s Kopf, lag ein etwa zwanzig Zentimeter großes Kruzifix.

Horst L.: „Das Kruzifix stammt tatsächlich nicht aus dem Haus. Ich kenne nicht alle Räume, aber im Flur, im Wohnzimmer, in der Küche, im Arbeitszimmer hat es nicht gehangen." Und nach einer Weile fuhr er fort: „Der gekreuzigte Christus und der erschossene Theologieprofessor – passt irgendwie zusammen."

Der Polizist: „Ja, passt zusammen. Und nur, weil das Fenster offen war, konnte der Mörder das Kruzifix auf den Schreibtisch werfen. Als seine Visitenkarte."

Horst L.: „Schauen Sie, das Kreuz liegt mit dem Gekreuzigten nach oben, und es liegt so, dass die Augen des Toten genau auf die Christusfigur fallen."

Der Polizist: „Was wollen Sie damit sagen?"

Horst L.: „Die Szene ist arrangiert. Der Mörder hat das Kruzifix in Ruhe hin*gelegt*, nicht rasch hin*geworfen*."

Der Polizist, erstaunt: „Eine gute Beobachtung und eine gute Kombination. Ja, hingelegt, nicht hingeworfen. Aber welche Botschaft will der Mörder mit dem Kruzifix zum Ausdruck bringen?"

Horst L.: „Er hält dem Theologieprofessor eine Predigt. Er bringt ihm das Zentrum des Glaubens vor Augen: den gekreuzigten Christus."

Der Polizist, verdutzt: „Ich verstehe nicht."

Er *konnte* nicht verstehen. Er konnte nicht wissen, was in Horst L. vor sich ging. Der stand plötzlich nicht mehr vor dem Fenster, der saß vielmehr im Arbeitszimmer, saß auf dem leeren Stuhl neben Otto F., der für ihn reserviert war. Und das Kruzifix war jetzt eine Predigt an *ihn*, an Horst L. Es sagte: „Der Text des apokryphen Evangeliums, den du in deinem Kopf mit dir herumträgst, zeichnet ein falsches Bild von Jesus. Dieses falsche Bild mehrt deine Glaubenszweifel. Kehr um! Schau auf den Gekreuzigten, nur auf ihn. Hier ist die Wahrheit, hier knie nieder. Was schreibt Paulus den Korinthern? Dass er sich vorgenommen hatte, unter ihnen nichts anderes zu kennen, als Jesus Christus, und zwar den Gekreuzigten."

Apokrypher Evangelientext gegen Kruzifix: in Horst L. fand ein Kampf statt. Das Kruzifix musste siegen, dann war sein Glaube gerettet. Kruzifix, Kruzifix, Kruzifix! Auf Otto F.s Schreibtisch lag das, was Horst L.s Glauben wieder aufrichten konnte. Nur den Gekreuzigten kennen, nur ihn! Die Augen auf *ihn* richten! Unsere Erlösung kommt vom Gekreuzigten. Jede andere Vorstellung von Jesus führt in die Irre.

Einem Theologiestudenten, der vor einem erschossenen Theologieprofessor stand, dessen tote Augen auf ein Kruzifix starrten, hielt dieses Kruzifix eine Predigt. Es rief ihn zum rechten Glauben auf. Es rief ihn von einem verderblichen Jesusbild weg, das ein apokryphes Evangelium vermittelte, welches der Professor in das Gedächtnis, das absolute Gedächtnis, des Studenten gebracht hatte. Der Polizist, der neben dem Studenten stand, wusste nichts von dem, was in diesem vor sich ging. Für ihn machte sich der Student verdächtig. Die Bemerkung von der Predigt, die das Kruzifix dem erschossenen Professor halte – sie rückte den Studenten in ein merkwürdiges Licht.

„Wo waren Sie eigentlich zur Tatzeit?“, fragte der Polizist Horst L.

Diese Frage holte Horst L. in die Wirklichkeit zurück. War er jetzt verdächtig? Traute ihm der Polizist den Mord zu? Dann hätte er, Horst L., sich eine Pistole besorgt haben müssen. Und auch ein Kruzifix. Mit beiden Dingen wäre er von der Stichstraße gekommen, wäre er über die kleine Mauer geklettert und auf das Fenster zugegangen. Otto F. hätte ihn verwundert angeschaut und das Fenster geöffnet. Nur einem *Bekannten* hätte er es geöffnet.

Der Polizist hatte mitgedacht, hatte parallel mitgedacht: Pistole besorgt, Kruzifix besorgt, Stichstraße, kleine Mauer, verwunderter Blick des Professors, Öffnen des Fensters. Nur einem *Bekannten* hätte er es geöffnet.

Horst L.: „Ich war zur Tatzeit in der Cafeteria der Theologischen Fakultät. Mit einer Kommilitonin.“

Der Polizist zückte einen Notizblock: „Name der Kommilitonin, Adresse, Telefonnummer. Wir werden Ihr Alibi überprüfen.“

Sich eine Pistole besorgt? Das hätte Horst L. nie getan. Sich ein Kruzifix besorgt? Das hätte er tun können, tun sollen, tun müssen. Wo kann man ein Kruzifix kaufen? Auf dem Flohmarkt vielleicht. Und dann: Mit dem Kruzifix bei Otto F. auftauchen. Es ihm auf den Schreibtisch legen. Nein, nicht vom Garten kommen, sondern ganz normal durch die Tür. Oder vielleicht doch durch den Garten, das macht mehr Eindruck. Und wenn der Professor fragt: „Ein Kruzifix bringen Sie mir mit? Was soll das?“, ihm antworten: „Das Kruzifix wendet sich gegen den schlimmen Text des apokryphen Evangeliums, den Sie meinem absoluten Gedächtnis eingeflößt haben. Es soll Sie und mich zum richtigen Glauben zurückführen.“

Ein Pistolenschütze hätte Horst L. also nicht sein können, ein Kruzifix-Hinleger dagegen wohl. Aber auch das war er nicht. Er auf den Gedanken mit dem Kruzifix nicht gekommen. Und wenn er auf ihn gekommen wäre, hätte er sich nicht getraut, ihn auszuführen.

„Sie kannten den Professor gut, nicht wahr?“, fragte der Polizist Horst L. „Seine Frau hat uns erzählt, dass Sie jede Woche zu ihm kamen. Und vor einiger Zeit haben Sie ihn auch auf eine Reise nach Genf begleitet. Wie würden Sie ihre Beziehung zu dem Professor beschreiben?“

Horst L.: „Er war ein väterlicher Freund.“

„Gab es nicht auch Differenzen?“

Man hätte Horst L. jetzt zurufen mögen: „Sag nein! Mach dich nicht noch weiter verdächtig!“

Aber Horst L. sagte: „Ja, es gab Differenzen."

Der Polizist, aufmerksam: „Und was waren das für welche?"

Horst L.: „Theologische. Wir waren nicht immer derselben Meinung."

Bravo, Horst L. Du hast im letzten Moment die Kurve gekriegt. Du hast nicht zu viel ausgeplaudert. Theologische Differenzen, die dürfen sein, die sind normal. Das siehst du daran, dass der Polizist auf dieses Stichwort nicht reagiert. Er stellt keine weiteren Fragen.

Die Reise nach Genf, die verhängnisvolle Reise nach Genf ...

Alles begann mit einem Gespräch über apokryphe Evangelien. Hier veränderte sich plötzlich die Arbeitsbeziehung zwischen Otto F. und Horst L. Der Professor fing an, Horst L. für einen Plan zu benutzen. Für einen Plan, der auf einen arrangierten Mord zulief.

Horst L. wurde Hauptfigur dieses Plans.

Aber er. blieb ahnungslos, er durchschaute nichts.

Als er zusammen mit einem Polizisten in dem kleinen, stillen Garten stand und auf Otto F.s Leiche blickte und von dem Polizisten befragt wurde, ahnte er immer noch nichts. Allerdings schöpfte er den Verdacht, auch der Polizist tat es, dass der Mord arrangiert war. Ganz vage war bei dem Polizisten auch der Verdacht da, Horst L. könne der Mörder gewesen sein. Aber das war viel zu oberflächlich gedacht. Ja, Horst L. steckte tief in der Geschichte drin, das wohl.

Aber nicht als Mörder.

Das Gespräch über apokryphe Evangelien also ...

Otto F. ließ eines Tages eine beiläufige Bemerkung fallen: „Man muss beim Studium des Neuen Testaments auch die apokryphen Evangelien einbeziehen." Professor und Student saßen, wie immer, am Schreibtisch nebeneinander. Otto F. hatte sich auf seinem Stuhl zurückgelehnt und schaute Horst L. von der Seite her an. Der fragte: „Apokryphe Evangelien – was ist denn das?" Otto F. setzte zu einer langen, umständlichen Erklärung an. Am Ende wusste Horst L.: Damals, als die Schriften des Neuen Testaments entstanden, wurden keineswegs nur jene vier Evangelien verfasst, die tatsächlich im Neuen Testament stehen, sondern noch viele andere. Die *nicht* ins Neue Testament aufgenommen wurden. Und sie nennt man apokryphe Evangelien. Eines von ihnen ist die Kindheitserzählung des Thomas. Sie berichtet Begebenheiten aus der Kindheit Jesu.

Ein Evangelium, das aus Jesu Kindheit berichtet? Horst L. wollte mehr wissen. Otto F. ging zu seinen Bücherregalen, suchte ein wenig, kam mit einem Buch zurück, in dem die Kindheitserzählung des Thomas abgedruckt war. Horst L. begann zu lesen, las sich fest, las von einem Wunder, das Jesus angeblich schon als fünfjähriger Knabe vollbracht hatte:

Er bereitete sich weichen Lehm und bildete daraus zwölf Sperlinge. Es war Sabbat, als er dies tat. Auch viele andere Kinder spielten mit ihm. Als nun ein Jude sah, was Jesus am Sabbat beim Spielen tat, ging er sogleich weg und meldete dessen Vater Joseph: „Siehe, dein Knabe ist am Bach, er hat Lehm genommen, zwölf Vögel gebildet und hat den Sabbat entweiht." Als nun Joseph an den Ort gekommen war und es gesehen hatte, da herrschte er ihn an: „Weshalb tust du am Sabbat, was man nicht tun darf?" Jesus aber klatschte in die Hände und rief den Sperlingen zu: „Fort mit euch!" Die Sperlinge öffneten ihre Flügel und flogen mit Geschrei davon.

Horst L. war von der Geschichte so beeindruckt, dass er weiterlas, dass er das ganze Evangelium durchlas, es waren sieben Seiten. Otto F. ließ ihn gewähren. Hinterher sagte er zu Horst L.: „Ich kann Ihnen das Buch ausleihen, wenn Sie möchten."

„Nicht nötig", antwortete Horst L., „ ich habe den Text gespeichert."

„Gespeichert? Was wollen Sie damit sagen?"

„Nun, nun ...", Horst L. suchte nach Worten. Schließlich gestand er: „Ich bin Autist, und Autisten haben manchmal ein absolutes Gedächtnis. So auch ich."

Otto F., ungläubig den Kopf schüttelnd: „Absolutes Gedächtnis? Gibt es so etwas?"

Horst L.: „Auch die Seitenzahlen dieses Kindheitsevangeliums habe ich gespeichert, auch die Nummern der Paragraphen. Diese Speicherung geschieht automatisch, es ist wie Fotografieren. Aber stellen Sie sich ein absolutes Gedächtnis nicht als Privileg vor. Es ist eher ein Fluch. Man möchte vieles wieder loswerden, kann es aber nicht."

Das Letzte hatte der Professor nicht mehr gehört. Er blätterte in dem Buch, das er Horst L. zum Lesen gegeben hatte, einem Sammelband apokrypher Evangelien. Die Kindheitserzählung des Thomas war auf den Seiten 353 bis 359 abgedruckt. Otto F. sagte: „Zitieren Sie mir auf Seite 357 den Paragraphen 11."

Das war, als würde ein Läufer einen Startschuss hören. Sofort sprudelte es aus Horst L. heraus: *„Als Jesus sechs Jahre alt war, gab seine Mutter ihm einen Krug und schickte ihn, Wasser zu schöpfen und nach Hause zu bringen. Im Gedränge aber stieß er an, und der Krug zerbrach. Jesus aber breitete das Oberkleid, das er anhatte, aus, füllte es mit Wasser und brachte es seiner Mutter. Als nun seine Mutter das Wunder sah, küsste sie ihn und behielt bei sich die geheimnisvollen Dinge, die sie ihn hatte tun sehen."*

Otto F., der Horst L.s Vortrag im Text verfolgt hatte, mit dem Finger die Zeilen entlanggehend, klappte das Buch zu und rief: „Unfassbar! So ein Gedächtnis hätte ich auch gern!"

Bis hierher war noch alles harmlos. Horst L. war noch in keinen Plan eingebaut. Aber einige Augenblicke später kam dem Professor die erste Idee zu einem Plan – als Horst L. auch eine Probe seines *akustischen* absoluten Gedächtnisses liefern sollte.

Otto F. wurde plötzlich nachdenklich. Er ging im Zimmer auf und ab, was er noch nie getan hatte. Horst L. beobachtete ihn verwundert; er konnte nicht wissen, dass sich in diesen Momenten eine Schlinge um seinen Hals legte. Aber der Professor war nicht einfach nur *Täter*, er war ein *Getriebener*. Was er tat, *musste* er tun. Es gab einen höheren Grund, der sein Tun rechtfertigte, ja, der es gebieterisch einforderte.

Otto F. blieb vor Horst L. stehen und musterte ihn. „Funktioniert Ihr absolutes Gedächtnis auch beim Hören?“, wollte er wissen.

Horst L.: „Ja, es funktioniert auch beim Hören.“

Otto F.: „Wir machen eine Probe.“ Er griff sich wieder das Buch mit den apokryphen Evangelien und schlug einen Abschnitt aus dem Petrusevangelium auf. Er erklärte weiter nichts zu dieser Schrift, er las nur. Aber er las nicht wie sonst, sondern mit aufgeregter Stimme. Hätte Horst L. sich fragen müssen: „Warum diese aufgeregte Stimme?“? Aber er bekam gar nicht mit, dass die Stimme des Professors aufgeregt war. Seine Konzentration galt voll und ganz dem Text, den er hinterher reproduzieren sollte.

Den Text reproduzieren … Es gelang fehlerfrei. Otto F. rief wieder: „Unfassbar!“

Zweimal „unfassbar!“ gerufen – aber beide Male unterschiedlich. Das erste Mal einfach nur aus Überraschung. Das zweite Mal mit hintergründigen Gedanken.

Wenn bei dem Gespräch über apokryphe Evangelien, das auf eine Demonstration von Horst L.s Gedächtniskünsten hinausgelaufen war, wieder ein heimlicher Beobachter dabei gewesen wäre, hätte er wieder Horst L. etwas ins Ohr geflüstert: „Hast du eigentlich keinen Blick für den Zustand deines Professors? Merkst du nicht, dass er in der letzten Zeit sehr abgebaut hat? Seine Haut ist durchsichtig, fast weiß. Und wie er ging, wie er im Zimmer auf und ab ging – er ging ohne Kraft, die paar Schritte bereiteten ihm Mühe, er atmete schwer. Vor einigen Wochen war er noch ein rüstiger Mann. Alt, aber rüstig. Und jetzt?“

Wenn ein heimlicher Beobachter dabei gewesen wäre … Aber es war keiner dabei. Horst L. bekam nichts ins Ohr geflüstert. Und er selber, von sich aus, bemerkte nichts. Für ihn war der Professor wie immer.

Ein Theologieprofessor hatte festgestellt, dass ein Student ein absolutes Gedächtnis hatte. Beim Lesen und auch beim Hören. Jetzt konnte er, der Professor, etwas planen. Zunächst brauchte er eine Stadt. Warum nicht Genf nehmen, eine Stadt mit internationaler Bedeutung? Genf würde die Plausibilität des Geschehens erhöhen.

Was in Genf ablaufen wird, Horst L., ist alles Theater, wird dir nur vorgespielt werden. Aber das kannst du nicht wissen. Du hast keine Chance.

Eine Woche brauchte der Professor, dann war der Plan durchdacht und durchorganisiert. Horst L. konnte eingeladen werden. Eingeladen, seinen Professor auf eine ganz, ganz wichtige Reise zu begleiten.

In dieser Woche des Planens hatte Otto F. auch seine eigene Ermordung durchdacht und durchorganisiert.

Als Horst L. und Otto F. sich wiedersahen, blieben dem Professor noch vier Wochen zu leben. So sah es sein Plan vor. Aber vor der Ermordung gab es noch viel zu tun. Zunächst galt es, nach Genf zu reisen. Mit einem Menschen als Begleiter, der über ein absolutes Gedächtnis, vor allem: absolutes *akustisches* Gedächtnis, verfügte.

Magisch angezogen, wie immer, ging Horst L. auf die Villa des Professors zu. Man hätte ihn fragen mögen: „Was trägst du um den Hals?“

Horst L. hätte geantwortet: „Es ist zwar Frühsommer, aber ich trage einen leichten Schal um den Hals. Es weht nämlich ein frischer Wind.“

Leichter Schal – so kann man sich irren. Horst L. trug eine *Schlinge* um den Hals. Und die sollte an diesem Tag fester gezogen werden.

„Ich muss nach Genf“, sagte Otto F. aufgeregt zu Horst L., kaum dass dieser ins Arbeitszimmer getreten war, „und ich möchte, dass Sie mich begleiten. Man will mir in Genf in einem Hotelzimmer ein altes Manuskript vorlegen, ich soll es auf seine Echtheit hin begutachten. Man will mir auch ein Kaufangebot machen. Dieses Manuskript hat es in sich. Es ist ein mehrere Seiten langes Bruchstück einer Schrift, die sich *Jakobusevangelium* nennt.“

„Jakobusevangelium?“

„Jesus war kein Einzelkind, sondern hatte Geschwister“, erklärte Otto F. „Das ist im Neuen Testament eindeutig bezeugt. Und Jesu Bruder Jakobus hat in der Urkirche eine wichtige Rolle gespielt. Auch das ist eindeutig bezeugt, ist historische Tatsache. Womit jedoch niemand gerechnet hat, was kein Gelehrter vermutet hätte: Dieser Jakobus hat offenbar ein Evangelium geschrieben. Und ein Bruchstück davon ist nun in Ägypten gefunden worden. Fellachen haben es entdeckt, im Wüstensand in einem Tonkrug in der Nähe eines alten Klosters. Wissen Sie, in Ägypten wurden schon oft alte Handschriften entdeckt. Ägypten war sehr früh ein christliches Land, das Mönchtum begann dort, die Mönche besaßen Schriften, und wenn Gefahr drohte, etwa eine Christenverfolgung, vergruben sie ihre Schriften im Sand. Dieser trockene Wüstensand konservierte die Schriften. Dass man wieder einmal etwas in Ägypten gefunden hat, überrascht mich nicht. Aber ein Evangelium, das der Bruder Jesu geschrieben hat, soll es sein! Das ist eine Sensation! Keiner wusste so gut über Jesus Bescheid wie sein eigener Bruder. Was hat er wohl über ihn aufgeschrieben?“

Die Erregung, in der Otto F. sich befand, die gespielte Erregung, sprang auf Horst L. über. So sollte es ja auch sein. So war es geplant. Und Horst L. zögerte keinen Augenblick, er sagte sofort: „Ja, ich komme mit nach Genf!"

Otto F.: „Der Mittelsmann, den ich in Genf treffen werde, war zunächst nicht damit einverstanden, dass ich in Begleitung komme. Ich insistierte, und schließlich akzeptierte er. Aber er bittet sich Ihrerseits Verschwiegenheit aus."

Horst L.: „Verschwiegenheit?"

Otto F.: „Der Mann tut Unrechtes. Er macht sich strafbar."

Horst L.: „Wieso?"

Otto F.: „Wenn es um wertvolle alte Handschriften geht, laufen oft Kriminalgeschichten ab. Gehen Sie mal davon aus, dass das Manuskript aus Ägypten herausgeschmuggelt wurde. Archäologische Funde müssen bei den Behörden abgeliefert werden, und das Manuskript wäre im Kairoer Museum gelandet. Aber man will damit Geld machen, also geht man auf den internationalen Markt. Die Akteure sind allesamt zwielichtige Gestalten. Deshalb auch ein Treffen im Hotelzimmer, in aller Heimlichkeit. Es geschahen im Zusammenhang mit Handschriften auch schon Verbrechen, Leute wurden ermordet, Handschriften wurden geraubt. Als größter Räuber einer Handschrift ist übrigens der angesehene deutsche Gelehrte Konstantin von Tischendorf in die Geschichte eingegangen."

Horst L.: „Das müssen Sie mir genauer erzählen."

Otto F.: „Konstantin von Tischendorf lebte im neunzehnten Jahrhundert. Als Lebensaufgabe hatte er sich gestellt, den ursprünglichen Text des Neuen Testaments herauszuarbeiten. Unermüdlich suchte er nach alten Handschriften, vor allem in Klosterbibliotheken. So kam er auch zum Katharinenkloster im Sinai. Dort stieß er auf eine wichtige Handschrift, später Codex Sinaiticus genannt. Nach langem Hin und Her durfte er sich diese Handschrift ausleihen. Er nahm sie mit nach Europa, aber brachte sie nie zurück. Im Empfangsgebäude des Klosters hängt noch heute anklagend die Urkunde, in der sich Tischendorf zur Rückgabe verpflichtete."

Horst L.: „Eine interessante Geschichte."

Otto F.: „Das kann man wohl sagen."

Horst L.: „Aber zurück zum Jakobusevangelium: Könnte das Manuskript nicht vielleicht eine Fälschung sein?"

Otto F.: „Könnte, ja. Aber das sollte mir auffallen. Man hat ja schließlich Erfahrung."

Ein Text, der von einem leiblichen Bruder Jesu stammte oder stammen sollte, ein heimliches Treffen im Hotelzimmer, ein zwielichtiger Mittelsmann – die Reise nach Genf versprach ein Abenteuer zu werden. Horst L. war gespannt. Eine Frage hatte er noch: „Angenommen, Sie wollen das Manuskript kaufen – wo würden Sie das Geld hernehmen?"

Otto F.: „Ich könnte den Kauf natürlich nicht mit eigenen Mitteln tätigen. Ich müsste Quellen erschließen."

WENN MAN SEINEN EIGENEN TOD IN AUFTRAG gegeben hat, wenn man in vier Wochen von einem Auftragskiller erschossen werden will – macht einen das schweigsam? Otto F. saß im Zug nach Genf Horst L. gegenüber, sprach nicht viel und schaute die meiste Zeit nach draußen. Man ist geneigt, auf diesen Professor wütend zu werden. Man möchte ihm vorwerfen: „Wieso haben Sie sich aus Horst L.s väterlichem Freund zu einem Mann gewandelt, der ein Spiel mit ihm spielt? Und was für ein Spiel ist das überhaupt? Worum geht es?“ Am liebsten hätte man Otto F. noch ins Gesicht geschleudert: „Ein widerlicher Mensch sind Sie! Für jemanden wie Sie kann man nur Verachtung haben!“

Otto F. hätte einen mit traurigen, glanzlosen Augen angeblickt. Und jetzt erst hätte man bemerkt, dass sein Gesicht stark eingefallen war – fast schon das Gesicht eines Toten; fast schon das Gesicht des Otto F., wie er in vier Wochen in unnatürlicher Haltung über seinem Schreibtisch liegen würde. Otto F. hätte nichts sagen zu brauchen, man wäre auch so nachdenklich geworden. Man hätte sich gefragt: „Urteile ich nicht zu schnell? Ich kenne doch gar nicht die Hintergründe. Ich weiß doch gar nicht, was diesen Mann treibt. Ich muss barmherziger sein. Und noch etwas: Wenn jemand seinen eigenen Tod will, muss er sich in einer extremen Lage befinden.“

Hinterher, als alles vorbei war, sagte sich auch Horst L.: „Ich habe während der Zugfahrt nach Genf ein stark eingefallenes Gesicht vor mir gehabt. Sonst saß ich nur neben dem Professor und hatte keinen Blick auf sein Gesicht. Aber während der Zugfahrt war das anders. Ich blieb allerdings unberührt. Meine Gedanken eilten voraus in das Genfer Hotelzimmer: Was würde den Professor und mich dort erwarten?“

Die Zugfahrt nach Genf vermochte also Otto F.s Zustand dem Studenten Horst L. nicht nahezubringen. Aber der Fußmarsch vom Bahnhof zum Hotel tat es.

Das Hotel war nur 500 Meter entfernt. Otto F. ging von Anfang an ganz langsam und musste sich auf Horst L. stützen. Trotzdem war nach 150 Metern seine Kraft zu Ende, er keuchte: „Besorgen Sie ein Taxi.“

Schlagartig wurde Horst L. klar, dass mit dem Professor etwas nicht stimmte. Wurde ihm klar, dass er, Horst L., mit einem von Krankheit schwer gezeichneten Mann unterwegs war.

Oh, Horst L., das ändert alles, nicht wahr? Einem solchen Mann muss verziehen werden. Er handelt nicht aus bösartigen Motiven. Aber für Horst L. gab es noch gar nichts zu verzeihen, er wusste noch nicht, was ablief. Hinterher, als alles vorbei war, verzieh er allerdings. Sofort und ohne Einschränkungen. Vorerst allerdings steckte er noch in dem Spiel drin, und das fing jetzt erst richtig an. Jetzt, als das Taxi vor dem Eingang des Hotels ausrollte.

Horst L. war, um das Taxi zu besorgen, zum Bahnhof zurückgelaufen, zur Reihe der dort bereitstehenden Wagen. Der Fahrer hatte ihn auf Französisch angeredet. Ach ja, man war in der französischsprachigen Schweiz. Horst L., ohne französische Sprachkenntnisse, hatte einfach Deutsch gesprochen, und der Taxifahrer hatte verstanden. Taxifahrer verstehen immer. Als das Taxi vor dem Eingang des Hotels ausgerollt war und bezahlt werden musste, wurde mit dem Fahrer allerdings Französisch gesprochen. Horst L. staunte: sein Professor wusste sich in dieser Sprache gut auszudrücken. Er entschuldigte sich dafür, dass man das Taxi für eine so kurze Strecke in Anspruch genommen hatte, und gab ein großzügiges Trinkgeld.

Es ging weiter mit dem Bezahlen. Nachdem Otto F. und Horst L. über einen Marmorfußboden zur Rezeption gegangen waren, wurde dort höflich um sofortige Begleichung der Zimmerrechnung gebeten, und Otto F. zückte seine Kreditkarte.

Wenn man den Professor so zahlen sieht, auch die Zugreise für beide hatte er bezahlt, fragt man sich unwillkürlich nach der Bezahlung des Auftragskillers. Seinen eigenen Mörder bezahlen! Wie viel hatte der wohl verlangt? Auch wüsste man gern, was ein Tag in einem Luxushotel in Genf kostet. Ein Tag? Für die Abrechnung: ja. Aber benutzen würde man das Hotelzimmer wohl nur eine oder zwei Stunden.

Ein Aufzug brachte Student und Professor auf den 6.Stock. Dann mussten die beiden einen langen Flur entlanggehen, der mit Teppich ausgelegt war, der jeden Schritt dämpfte. Völlige Stille herrschte. Was verbarg sich hinter den Zimmertüren? Hinter der Zimmertür 633 verbarg sich ein südländisch aussehender Mann im dunkelblauen Nadelstreifenanzug, die schwarzen Haare sorgfältig mit Pomade frisiert. Er öffnete auf Otto F.s Klopfen hin die Tür und deutete eine Verbeugung an.

Sieht so ein zwielichtiger Mittelsmann aus? So und nicht anders, Horst L., was hast du erwartet? Eine abgerissene Gestalt? Nein, du trittst in eine vornehme Welt ein. Vornehm und brutal. Wer weiß, vielleicht hat der Mann eine Pistole dabei. Eine Pistole? Das bringt einen auf einen Gedanken. Was spricht dagegen, dass dieser Mann der Auftragskiller ist? Für das Theaterspiel mit dem Manuskript und für den Mord ein und denselben Mann engagieren – eine praktische Lösung. Wenn es so ist, dann sieht Horst L. jetzt nicht nur einen abgefeimten Betrüger in Sachen Handschriften vor sich, sondern auch Otto F.s künftigen Mörder.

Gesprochen wurde Französisch. Die Diplomatensprache ist auch die Sprache der noblen Betrüger. Jedenfalls, wenn sie aus Nordafrika stammen. Und wie ein Berber oder Araber sah der Mann aus.

Otto F. und der Mittelsmann unterhielten sich also und Horst L. war die Rolle des nichtverstehenden Statisten zugedacht. Aus der kam er aber schnell heraus.

Im Hotelzimmer stand ein kleiner Sekretär, die Schreibplatte bereits herausgeklappt. Auch ein Stuhl war schon an den Sekretär herangerückt. Der Mittelsmann machte nicht viel Umstände, er zog das Manuskript aus der Anzugtasche und legte es auf den Sekretär: „Voilà, monsieur le Professeur, le fameux texte. Vous serez ravi."

Fameux texte? Otto F. lächelte: „Der Text wird erst dann berühmt sein, wenn ich ihn als echt erkläre."

„Naturellement, monsieur le Professeur. Excusez." Auch der Mittelsmann lächelte.

Small talk zwischen Mittelsmann und Handschriftenspezialist. Gehörte zum Theaterspiel dazu. Sollte helfen, Horst L. einzufangen, einzuwickeln. Für den stand kein Stuhl bereit, der blieb neben Otto F. stehen, der sich inzwischen gesetzt hatte und den ersten Blick auf das Manuskript warf. Der Mittelsmann war auf den Balkon gegangen. Dort lehnte er sich auf die Brüstung und schaute auf die Stadt. Otto F. und Horst L. war sein Rücken zugekehrt.

„Der Text ist aramäisch geschrieben", sagte Otto F. zu Horst L. „Das hatte ich mir gedacht."

Horst L., frag jetzt bitte nicht den Professor, ob er Aramäisch beherrscht. Selbstverständlich tut er das.

Horst L. fragte nicht, Otto F. sprach weiter: „Aramäisch war die Muttersprache Jesu und seiner Geschwister. Jakobus sprach sicher auch Griechisch, aber er hat es offenbar vorgezogen, in seiner Muttersprache zu schreiben."

Jesus und seine Geschwister …

Jesus und Jakobus …

Die vielköpfige Familie in Nazareth unterschied sich nicht von den anderen Familien im Ort. Vielleicht dadurch, dass sie besonders fest in den jüdischen Traditionen verwurzelt war; darauf deuten die Namen der Brüder Jesu hin, die allesamt jüdische Patriarchennamen sind: Jakobus, Joses (Gräzisierung von Josef), Juda, Simon. Mit Jesus waren es also fünf Jungen in der Familie. Hinzu kamen mehrere Schwestern; wie viele, wissen wir nicht. Der Vater Josef, Zimmermann oder Bauhandwerker, starb offenbar früh, denn von ihm hören wir nach Geburt und Kindheit Jesu nichts mehr.

Aus dieser Familie brach plötzlich Jesus aus und wurde Wanderprediger. Am Ende des 3.Kapitels des Markusevangeliums wird bezeugt, dass die Familie das zunächst nicht hinnahm. Zu Jesus wurde einmal gesagt: „Siehe, deine Mutter und deine Brüder und deine Schwestern sind draußen und suchen dich." Der Vater wird hier nicht erwähnt, ihn gab es offenbar nicht mehr. Aber die übrige Familie wollte Jesus von seinem Verkündigungsdienst zurück nach

Hause holen. Man verstand nicht, auf was für einen Weg er geraten war. Aber Jesus hatte seine Entscheidung getroffen: „‚Wer ist meine Mutter und wer sind meine Brüder?‘ Und indem er auf die rings um ihn Sitzenden blickte, sprach er: ‚Siehe, das sind meine Mutter und meine Brüder. Wer den Willen Gottes tut, der ist mir Bruder und Schwester und Mutter.‘“ Wieder fehlt bezeichnenderweise der Vater.

Eine Geschwisterschar in Nazareth in Galiläa …

Irgendwann griff Jesu Bruder Jakobus zur Feder und fing an zu schreiben. Die Wahrheit über Jesus mitteilen – wer war dazu befähigter, als einer seiner leiblichen Brüder? Der sein Spielkamerad gewesen war, der mit ihm in derselben Kammer geschlafen hatte, der mit ihm aus demselben Napf gegessen hatte.

Ein Evangelium aus der Feder des Jakobus, Bruder Jesu, lag also auf dem Sekretär des Zimmers 633 eines Luxushotels in Genf. Aus Ägypten herausgeschmuggelt. Bewacht von einem Edel-Ganoven. Auch wenn das Evangelium nur ein Bruchstück war – sein Wert für die Bibelforschung musste als unermesslich eingeschätzt werden.

Wenn der Text denn echt war.

Und ob er echt war, sollte der Professor Otto F. klären. Diesem Professor machte keiner etwas vor. Er hatte für Handschriften eine internationale Reputation. Und der Student Horst L. durfte dabei sein, wie Otto F. sich sein Urteil bildete. Der überflog den Text zunächst nur und murmelte dabei: „Unglaublich, sensationell.“ Dann zog er eine Lupe aus der Anzugtasche und beugte sich noch einmal über den Text. Jetzt ging es ganz langsam zu. Das war die Echtheitsprüfung. Ohne aufzuschauen, sagte Otto F. zu Hort L.: „Das Reichsaramäisch machte eine Geschichte durch, auch im Schriftbild. Man kann Texte zeitlich und örtlich ziemlich sicher einordnen. Die Aufschwünge und Abschwünge der einzelnen Buchstaben änderten sich, die Orthographie blieb nicht dieselbe, der Wortbestand nahm zu. Ich hatte mir zu Hause noch einmal aramäische Texte angesehen, die in die Zeit der vermutlichen Abfassung dieses Jakobusevangeliums fallen, Mitte des ersten Jahrhunderts, und die in der Levante geschrieben wurden. Das Jakobusevangelium weist dieselben Charakteristiken auf. Erstes, vorläufiges Urteil also: echt!“ – Aber Otto F. prüfte weiter. Mit seiner Lupe. Murmelte dabei immer wieder Unverständliches vor sich hin, Spezialausdrücke. Dann lehnte er sich auf seinem Stuhl zurück und blickte Horst L. an: „Ja, der Text ist echt. Ich bin mir sicher.“

Horst L., brennend vor Neugier: „Und was ist der Inhalt?“

Otto F.: „Der Text bedeutet eine Erschütterung für Theologie und Kirche. Was Jakobus hier schreibt, entzieht dem christlichen Glauben die Grundlage. Jesus wird auf einen bloßen Wanderprediger reduziert. Göttlichen Ursprungs war er nicht. Eine Auferstehung fand nicht statt. Wenn das jemand anderes behaupten würde, ginge man achselzuckend darüber hinweg. Aber wenn es *der Bruder Jesu* behauptet, hat es Gewicht."

Ja, was *der Bruder Jesu* schreibt, hat Gewicht. Er verfügt über eine einzigartige Autorität. Gab es zum Beispiel eine Jungfrauengeburt? Wurde Jesus geboren, ohne dass Josef ihn gezeugt hatte? Jakobus musste es wissen, denn die Mutter Maria hätte sicherlich davon geredet. Sie hätte gesagt, dass Jesus etwas Besonderes sei. Dass er sich von den anderen Geschwistern unterscheide. Dass er einen göttlichen Auftrag habe. Schreibt Jakobus davon? Auf einen bloßen Wanderprediger reduziert er Jesus? Also stand er nicht unter einem göttlichen Auftrag? Also unterschied er sich nicht von seinen Geschwistern? Das Besondere an ihm war dann nur, dass er irgendwann eine religiöse Inspiration hatte und zu predigen anfing.

Jakobus musste es wissen.

Und Otto F. sagte, der Text sei echt.

Horst L. sah plötzlich in jenem Genfer Hotelzimmer alles wie durch einen Schleier hindurch. Er meinte zu taumeln und musste sich an dem Sekretär festhalten. Aber noch waren die Hammerschläge gegen seinen Glauben, seinen Restglauben, nicht von dem Text selber gekommen, sondern nur von Otto F.s Inhaltsangabe. Die Begegnung mit dem Text stand Horst L. noch bevor.

Otto F. sagte: „Ich muss mir Notizen machen." Er holte aus einer seiner Anzugtaschen Schreibzeug hervor.

Sofort war der Mittelsmann bei ihm. Als ob er hinten Augen gehabt hätte.

Das hätte Horst L. auffallen müssen, aber es fiel ihm nicht auf. Horst L. hätte sich sagen müssen: „Der Mittelsmann hat nicht auf etwas reagiert, was er gesehen hat, er kehrte uns ja den Rücken zu, sondern auf etwas, was er gehört hat. Er hat auf den Satz des Professors ‚Ich muss mir Notizen machen' reagiert. Das heißt, der Mann versteht Deutsch."

Otto F. und diesem „Mittelsmann" war bei der Planung der Zusammenkunft ein Fehler unterlaufen. Aber Horst L. bemerkte ihn nicht.

Der Mittelsmann sagte nichts, er deutete nur vorwurfsvoll auf Otto F.s Schreibzeug. Der entschuldigte sich und steckte es weg. Der Mittelsmann ging wieder auf den Balkon.

Otto F. zu Horst L.: „Es ist abgemacht, dass ich den Text nicht kopieren darf. Auch Notizen sind nicht erlaubt. Aber wissen Sie was …" er fing plötzlich an zu flüstern „ich werde … ja, ich werde die Übersetzung des Textes vor mich hin murmeln. Und Sie: Versuchen Sie, was ich sage zu behalten. Mit Ihrem absoluten Gedächtnis."

Wer hat in der europäischen Geistesgeschichte etwas gegen das Christentum gesagt? Voltaire? Feuerbach? Nietzsche? Und aus der Theologenzunft selber, wer hat da an den Grundfesten des Glaubens gerüttelt? Die systematischen Theologen weniger, vor allem die Bibelwissenschaftler. Gegen Jakobus gehalten, den Bruder Jesu, sind sie jedoch alle Zwerge. Jetzt kommt einer mit unerschütterlicher Autorität. Und den lässt der Theologieprofessor Otto F. auf den Studenten Horst L. los. Weiß er nicht, was er da tut? Das Ziel, das Otto F. ansteuert, zählt mehr als Horst L.s Restglaube. Die Zerstörung dieses Restglaubens nimmt er in Kauf. Gemein? Ja, gemein. Vielleicht sollte man Otto F. doch ins Gesicht schleudern: „Ein widerlicher Mensch sind Sie! Sie stoßen für – ja, für was eigentlich? – einen jungen Studenten in den Abgrund. Schämen Sie sich!"

Manchmal wachsen an einem Abgrund noch Büsche und Gräser. An die klammert man sich dann. Die Füße rutschen schon weg, aber noch hält man sich. Man strampelt, man zappelt. Man versucht, sich wieder hochzuziehen. Nein, Horst L. ließ sich nicht so einfach in den Abgrund stoßen. Auch nicht durch Jakobus, den Bruder Jesu. Horst L. kämpfte. Der verderbliche Text kam in ihn hinein, kam von Otto F.s murmelnden Lippen, setzte sich in Horst L.s absolutem Gedächtnis fest und tat sofort seine Wirkung. Aber er tat sie nicht komplett, Horst L.s Restglaube war zäh. Ein Gegengedanke gegen den Text baute sich auf: Und wenn Jakobus seinen Bruder Jesus nicht richtig verstanden hatte? Wenn seine Augen für die Göttlichkeit Jesu blind gewesen waren? Wie die Augen so vieler?

Im Zimmer 633 eines Genfer Luxushotels ging es nicht nur um den Kampf eines jungen Studenten um seinen Glauben. Hier wurde auch vorweggenommen, was noch vielen, vielen Menschen bevorstand: derselbe Kampf. Wenn erst einmal das Jakobusevangelium, oder das Bruchstück davon, seinen Weg in die Öffentlichkeit gefunden hatte. Wie war Otto F,s Einschätzung des Textes gewesen? „Eine Erschütterung für Theologie und Kirche." Der Mittelsmann würde den Text zwar wieder mitnehmen, wieder heraustragen aus dem Hotelzimmer 633. Aber auch Horst L. würde ihn heraustragen, mit seinem absoluten Gedächtnis. Das den Text nicht wieder würde hergeben wollen, hergeben können, Durch Horst L.s absolutes Gedächtnis war der Text bereits gesichert. War er für die Wissenschaft verfügbar gemacht – auch, wenn Otto F. nie in seinen Besitz kommen sollte. Auch, wenn der Mittelsmann auf Nimmerwiedersehen damit verschwinden würde.

Er verschwand mit dem Text, der Mittelsmann. Er nahm ihn an sich, verabschiedete sich und ging. Auf Nimmerwiedersehen? „Ich will den Text haben", hatte Otto F. gesagt. Der Mittelsmann: „Gut, ich nenne Ihnen die Kaufsumme." Er tat es, sie war horrend hoch und nicht verhandelbar. Otto F.: „Ich will den Text trotzdem haben. Für die Wissenschaft. Ich werde das Geld auftreiben, geben Sie mir Zeit." Der Mittelsmann: „Zwei Monate." Otto F.: „Gut, zwei Monate."

Zwei Monate. Aber nach einem Monat würde der Mittelsmann Otto F. erschießen. Falls er wirklich der Mörder war. Der Auftragskiller. Er würde dann auch noch ein Kruzifix auf Otto F.s Schreibtisch legen. So positioniert, dass Otto F.s tote Augen den Gekreuzigten im Blick haben würden.

Der Gekreuzigte – die Grundlage des christlichen Glaubens.

Das Jakobusevangelium – die Zerstörung der Grundlage des christlichen Glaubens.

Der Gekreuzigte gegen das Jakobusevangelium. So würde es jedoch erst in vier Wochen sein. Noch war Otto F. in Genf, aber er saß schon im Zug, der fuhr an, fuhr langsam aus dem Hauptbahnhof Genf heraus.

Horst L., war er eigentlich mit im Zug? Saß er Otto F. wieder gegenüber? Oder hing er noch am Abgrund, hielt sich dort an Büschen und Gräsern fest und strampelte mit den Beinen, die schon im Leeren waren?

Abgrund, nicht Zug.

Otto F. gegenüber saß nur eine Puppe, ein ausgestopfter Stellvertreter, der wirkliche Horst L. kämpfte um seinen Glauben, seinen Restglauben. Sich fallen lassen, einfach fallen lassen und abwarten, was mit einem passiert? Nein, kämpfen! Oben bleiben! Sich von diesem verfluchten alten Handschriftenforscher nicht den Glauben, den Restglauben, zerstören lassen! Horst L. kehrte in den Zug zurück. Die aufkommende Wut auf Otto F. bewirkte das. Der väterliche Freund war weg, an seine Stelle hatte sich eine diabolische Gestalt geschoben, ein Abgesandter des Satans. Der väterliche Freund würde wiederkommen, würde seinerseits die diabolische Gestalt verdrängen, und so würde es weitergehen, hin und her. Vier Wochen lang.

Wenn ein Theologieprofessor meint, er sei fähig, auch ein Theaterstück zu schreiben, täuscht er sich. Theaterschriftsteller ist ein eigener Beruf und muss erlernt werden. Otto F. hatte bereits eine Kostprobe seiner Nicht-Beherrschung dieses Berufs geliefert – mit dem Auftritt des Mittelsmannes, der gehandelt hatte, als ob er hinten Augen gehabt hätte. Und damit verraten hatte, das er Deutsch verstand.

Horst L. hatte es nicht bemerkt. Er sollte auch den nächsten, groben Fehler nicht bemerken.

Otto F. sagte zu Horst L.: „Ich würde gern wissen, ob Sie den Text korrekt gespeichert haben. Ob Ihr absolutes Gedächtnis funktioniert hat. Können Sie mir bitte den Text reproduzieren?“ Indem er das sagte, lehnte er sich zurück.

Lehnte er sich zurück? Man erwartet etwas ganz anderes. Man erwartet, dass der Professor Schreibzeug aus seiner Anzugtasche zieht, um mitzuschreiben. Begierig mitzuschreiben. Jedes Wort dieses kostbaren Textes muss sofort auf Papier! Und noch etwas macht nachdenklich: Wieso kann der Professor sagen, er würde gern wissen, ob Horst L. den Text korrekt gespeichert hat? Dann verfügt Otto F. ja auch in seinem Gedächtnis über den Text, dann ist er mit ihm bereits sehr vertraut – nur so kann er Horst L.s Reproduktion bewerten.

Wieder stimmt etwas nicht. Otto F. ist kein guter Theaterschriftsteller. Er hat das Szenario nicht widerspruchsfrei entworfen.

Horst L. fing zögernd an zu sprechen. Aber nach zwei, drei Sätzen wurde er freier. Plötzlich war die Illusion da: Ich muss diesen teuflischen Text dem Mann, von dem ich ihn habe, zurückwerfen, zurückschleudern, dann werde ich frei von ihm. Einige Sätze weiter, und Horst L. schrie bereits – schrie dem Professor wütend den Text entgegen. Der verstand nicht, was ablief. Er duckte sich unter den Worten wie unter Peitschenhieben. Schweiß trat auf seine Stirn. „Langsamer, langsamer", bat er. Aber Horst L. machte es nicht langsamer. Er machte es schneller, immer schneller. Das war Aggression gegen den Professor, eine Vorwegnahme der finalen, tödlichen Aggression in vier Wochen.

Der Professor zog, als Horst L. alles gesagt hatte, alles aus sich herausgeschrien hatte, ein Taschentuch hervor und tupfte sich die Stirn ab. „Ich glaube, Sie haben alles richtig reproduziert", stammelte er.

Das Jakobusevangelium kam also während der Zugfahrt nach Hause nicht auf Papier. Otto F. schien es zu reichen, dass der Text in Horst L.s Gedächtnis abgespeichert war. Aber vielleicht musste der Text gar nicht auf Papier kommen, weil er schon auf Papier *war*. Und sich irgendwo gut versteckt in Otto F.s Arbeitszimmer befand. Dann war *er*, Otto F., der Autor des Textes. Und nicht Jakobus.

UM LICHT IN EINEN MYSTERIÖSEN MORDFALL zu bringen, galt es zunächst, den Ermordeten der Abfassung eines angeblich aus der Zeit Jesu stammenden Textes zu überführen. Falls festgestellt werden konnte, dass Professor Otto F. wirklich der Verfasser des Jakobusevangeliums war, würden weitere Schlussfolgerungen möglich sein. Aber auf den Gedanken, so anzusetzen, kam niemand bei der Polizei. Konnte niemand kommen, denn man wusste dort ja nichts von einem Jakobusevangelium, wusste auch nichts von den merkwürdigen Umständen, unter denen der Professor und sein Student Horst L. in Genf in Kenntnis dieses Evangeliums gelangt waren.

Ohne Aufklärung der Geschehnisse um das Jakobusevangelium würde es aber keine Aufklärung des Mordes geben.

Einzig Horst L. selber könnte hier tätig werden. Er müsste Verdacht schöpfen. Er müsste sich in der Bibliothek des Professors umsehen. Dürfte man dann darauf hoffen, dass er in einem der Bücher, versteckt zwischen den Seiten, den Text finden würde? Horst L. müsste also in Otto F.s Bibliothek hinein. Müsste dort in aller Ruhe stöbern dürfen. Aber wie könnte es dazu kommen?

Im Nachhinein scheint immer alles selbstverständlich zu sein. Horst L. bekam einige Tage nach dem Mord einen Anruf von Eleonore F.: „Mein Mann hat in seinem Testament verfügt, dass Sie sich im Falle seines Ablebens in seiner Bibliothek umsehen dürfen und mitnehmen dürfen, was Sie möchten. Der Rest wird dann an ein Antiquariat verkauft."

Im Zeitalter des Internets haben Bücher kaum noch Bedeutung, man findet alles online. Aber eine gut sortierte Handbibliothek braucht man trotzdem. Horst L. hatte in seinem Zimmer im Studentenheim etwa 300 Bücher. Warum sollten nicht noch 300 dazukommen? Ausgewählt aus den mehreren Tausend, die in Otto F.s Arbeitszimmer standen? Das meiste würde unbrauchbar sein: zu alt, zu speziell, erworben für den Bedarf eines Textkritikers und Handschriftenforschers.

Als Horst L. den Anruf von Eleonore F. erhielt, war Rosa bei ihm. Sie sagte sofort. „Ich komme mit dir zu der Villa des Professors. Darf ich doch, nicht wahr? Ich helfe dir beim Auswählen der Bücher. Und ich leihe mir von meinen Eltern ihr Auto für den Transport." Dazu ein Lächeln.

Oh, Horst L., sag endlich ja zu diesem Mädchen. Sie ist eine Perle. Sie akzeptiert dich so, wie du bist. Mit deinem Autismus. Den wird sie allerdings auflockern. *Aufbrechen* wird sie ihn, denn er ist wie ein Panzer um dich herum. Man weiß eigentlich gar nicht, wer du bist. Du gehst verpanzert durchs Leben.

Du handelst wie ein Roboter, wie ein Automat. Man weiß nichts von deiner Vergangenheit, von deinem Elternhaus. Warum studierst du Theologie? Was ist dein Berufsziel? Doch nicht etwa Pfarrer? Doch nicht etwa Religionslehrer? Aber was dann? Wozu ist ein Autist fähig? Aber diese Rosa, Horst L., kann dich befreien. Einfach nur durch ihr Lächeln. Irgendwann fängst du an zu reden, dann werden auch Tränen fließen. Dann werden wir wissen, wer oder was dich geprägt hat. Noch bist du uns sehr, sehr fremd.

Aber hatte das Lebendigwerden des Horst L. nicht bereits begonnen? Und zwar dank des Jakobusevangeliums? Auf der Zugreise von Genf zurück war er sehr lebendig geworden. Wütend lebendig. Endlich einmal hatte er Gefühle gezeigt. Er hatte den Text des Jakobusevangeliums seinem Professor Otto F. ins Gesicht geschrien. Mach weiter so, Horst L.! Komm aus dir heraus! Wann wird die nächste Gelegenheit dazu sein?

Die nächste Gelegenheit war im Auto von Rosas Eltern auf der Fahrt zur Villa von Otto F. Horst L. saß auf dem Beifahrersitz und sagte plötzlich zu Rosa: „Ich wünschte, ich könnte auch Auto fahren." Das war noch beiläufig gesagt. Das war noch nicht: aus sich herauskommen, Gefühle zeigen.

Rosa hatte jetzt zwei Möglichkeiten zu reagieren. Sie konnte, erstens, in die Vergangenheit hineinschauen und Horst L. bedauern. Oder anklagen: „Du hättest doch …" Oder die Eltern anklagen: „Sie hätten doch …" Rosa konnte, zweitens, nach vorne schauen, und das tat sie. Sie sagte: „Morgen gehen wir beide zu einer Fahrschule und du meldest dich an."

Das hätte schon vor Jahren Horst L.s Vater sagen sollen. Oder seine Mutter. Stattdessen ließen sie ihren autistischen Sohn alleine zur Fahrschule gehen. Und der machte vor der Tür auf dem Absatz kehrt und ging nach Hause zurück. Mehrmals geschah das.

Daraufhin der Vater: „Wie soll aus dir ein Mann werden? Reiß dich zusammen!"

Und die Mutter: „Du warst schon als Baby menschenscheu. Keiner außer mir durfte in den Kinderwagen schauen, sonst fingst du an zu weinen."

Der Vater: „Deine Mutter und ich, wir werden noch mehr für dich beten."

Die Mutter: „Ja, werden wir."

Ein christliches Ehepaar, überfordert durch ihr autistisches Kind. Anstatt frühzeitig zum Psychologen zu gehen, betet man. Man treibt durch Gebet und Aussagen wie „Reiß dich zusammen!" das Kind, später den Heranwachsenden immer tiefer in den Autismus hinein. Gefühle zeigen? Doch nicht solchen Eltern gegenüber!

Und Rosa gegenüber?

Nachdem Rosa das mit der Fahrschule gesagt hatte, wanderte Horst L.s linke Hand langsam nach links. Sie suchte Rosas rechten Oberschenkel. Und dort, auf dem Oberschenkel, blieb sie liegen.

Aus sich herauskommen, Gefühle zeigen, das kann auch ohne Worte geschehen.

In einem Mordfall sind alle verdächtig. Alle, die eine Beziehung zum Opfer hatten. Deshalb mustert man jetzt misstrauisch Eleonore F., wie sie aus der Haustür der Villa tritt und über den Kiesweg durch den Vorgarten geht, Horst L. und Rosa entgegen, um sie zu begrüßen. Ist an ihr etwas auffällig?

Die Fröhlichkeit ist es. Heiter, fast beschwingt begrüßt Eleonore F. die beiden jungen Leute: „Wie schön, Sie zu sehen! Aber sagen Sie mal, Horst: Sie haben jemanden mitgebracht."

Horst L.: „Rosa, meine Freundin."

Eleonore F.: „Welch schöne Überraschung. Ich habe schon den Kaffeetisch gedeckt – für uns zwei, Horst. Aber welche Freude, noch ein Gedeck dazustellen zu dürfen! Es gibt die selbstgebackenen Kekse, die Sie so sehr mögen, Horst. Und ich hoffe, auch Sie werden sie mögen, liebe Rosa. Ich habe Kaffee gekocht, Horst trinkt immer Kaffee. Aber natürlich können Sie auch Tee haben, Rosa."

Sie redete zu viel. Sie plapperte. Was war in sie gefahren? Und ihre Kleidung: Sie trug nicht etwa Schwarz, sie trug ein helles Sommerkleid. Sie war ganz die reizende alte Dame. Noch reizender als sonst. Und weniger alt.

Eleonore F. führte ihre Gäste zum Kaffeetisch im Wohnzimmer, bat sie, Platz zu nehmen, und verschwand, um das dritte Gedeck zu holen. Horst L. nahm nicht Platz. Er blieb wie erstarrt stehen. Sein Blick war auf die Wand hinter der Wohnzimmercouch gerichtet. Dort fehlte etwas und dort war etwas. Es fehlte das Foto, das die blinden Enkelkinder zeigte. Und es hing dort – das Kruzifix, das neben dem ermordeten Otto F. auf dem Schreibtisch gelegen hatte.

Eleonore F. kam mit dem Gedeck zurück, setzte sich, auch Horst L. setzte sich, das Kaffeetrinken begann.

Rosa zu Eleonore F.: „Die Kekse sind wirklich sehr gut. Ich beneide Horst, dass er sich so oft an ihnen laben konnte."

Eleonore F.: „Danke für das Kompliment, Rosa. Studieren Sie auch Theologie?"

Rosa: „Ja, ich möchte Pfarrerin werden."

Eleonore F.: „Ein schöner Beruf. Otto hätte Pfarrer bleiben sollen. Aber er wollte weitermachen und Professor werden." Ein Seufzen. Auch ein Schluchzen? Wenn, dann unterdrückt.

Betretenes Schweigen breitete sich aus. Horst L., nach einer Weile: „Gibt es in dem Mordfall schon eine Spur?"

Eleonore F.: „Die Polizei tappt noch völlig im Dunkeln. – Aber nehmen Sie doch noch Kekse!" Sie reichte den beiden jungen Leuten die Schale mit dem Gebäck.

Wenn eine Witwe auf den mysteriösen Mord an ihrem Mann hin angesprochen wird, müsste sie mehr sagen. Nicht nur: „Die Polizei tappt noch völlig im Dunkeln." Um dann sofort das Thema zu wechseln, hin zu Keksen. Irgendetwas stimmt da nicht. Vielleicht war der Mord an ihrem Mann für Eleonore F. gar nicht mysteriös. Horst L. hätte aufmerksam werden und sich

Gedanken machen müssen. Aber er wurde nicht aufmerksam und machte sich keine Gedanken. Er sagte zu Rosa: „Sollen wir jetzt ins Arbeitszimmer gehen und die Bücher auswählen?“

Als Horst L. das Arbeitszimmer des Professors betrat, zusammen mit Rosa, konnte er nicht wissen, dass ihm eine Transformation bevorstand. Dass er aus dem Arbeitszimmer nicht als derselbe Mensch herausgehen würde, als der er hineingegangen war. Die Transformationen des Lebens … Man kann nie wissen, wann sie stattfinden. Plötzlich passiert etwas mit einem. Dann muss man offen sein. Dann muss man geschehen lassen. Sonst ist die Chance vertan.

Rosa blickte sich im Arbeitszimmer des Professors beeindruckt um. So eine Menge Bücher! „Hier hast du also viele glückliche Stunden verbracht?“, wandte sie sich an Horst L.

Horst L.: „Ja, habe ich.“

Es kann sein, dass unsere Transformationen im Kopf eines anderen Menschen beginnen. Rosa sagte zu Horst L.: „Setz dich einmal auf den Stuhl vor dem Schreibtisch.“

Horst L. hätte jetzt sagen können: „Nein, davor graut mir. Dann befinde ich mich ja dort, wo der Professor erschossen wurde. Und warum sollte ich das überhaupt tun?“

Horst L. sagte das nicht. Er setzte sich auf den Stuhl und sagte lediglich: „Na, und?“

Rosa: „Wie du jetzt da sitzt, Horst, in einem Professoren-Arbeitszimmer an einem Professoren-Schreibtisch, das ist deine Zukunft. Du solltest Theologieprofessor werden. Das Zeug dazu hast du. Und damit meine ich nicht nur das phänomenale Gedächtnis.“

Wie aus einem Platz, an dem jemanden sein Schicksal ereilte, ein Platz wird, der einem anderen Menschen den Weg ins Leben weist. Den Weg in die Zukunft. Horst L. war wie betäubt. Was hatte Rosa da gesagt? Sie hatte ihm einen Weg aufgezeigt! Ein Berufsziel!

Rosa: „Dein Autismus wird abnehmen, wir werden uns nach Therapiemöglichkeiten umsehen. Und ein bisschen autistisch darfst du bleiben. Dein Professor war es doch auch, oder? Stell dir vor, wie du später Vorlesungen hältst: Du steigerst dich in etwas hinein, du vergisst alles um dich herum, du redest irgendwann nur noch für dich selber. Und gerade dann hören dir die Studenten gebannt zu. Sie spüren, dass du etwas zu sagen hast. Dass du mit dem Stoff ringst.“

Rosa sah es nicht, weil sie hinter Horst L. stand, aber sie ahnte es: Er weinte. Er weinte die Trauer aus sich heraus, keine Zukunft zu haben. Er hatte plötzlich eine. Er hatte ein Ziel. Er spürte jetzt auch links und rechts auf seinen Schultern Hände. Dann spürte er, wie ihm übers Haar gestrichen wurde. Auf einmal lag auch ein Papiertaschentuch vor ihm, zum Trocknen der Tränen, Rosa hatte es irgendwo hergezaubert. „Und nun machen wir uns an die Arbeit", sagte sie. „Bücher auswählen!"

Bücher auswählen …

Ruft aus irgendeinem der Bücher ein fingiertes altes Manuskript: „Hier bin ich! Entdeckt mich!"?

Ach, die Idee von dem in einem Buch versteckten Jakobusevangelium war wohl aus der Luft gegriffen. War ein Versuch, in einem mysteriösen Mordfall, dessen Aufklärung völlig blockiert war, doch auf eine Spur zu stoßen. Also: Aus keinem der Bücher, auf die Rosas und Horst L.s Blick fiel, die sie in die Hand nahmen, durchblätterten und gegebenenfalls in einen der Kartons legten, die sie mitgebracht hatte, rief ein fingiertes altes Manuskript: „Hier bin ich! Entdeckt mich!"

Aber war nicht irgendwo ein Wispern zu hören? Ein Flüstern? Von wo kam es? Es kam aus der Ecke, wo die Wörterbücher standen. Wörterbücher mehrerer alter Sprachen, in denen in der Zeit des frühen Christentums Handschriften abgefasst wurden: Syrisch, Georgisch, Aramäisch …

Zu der Ecke mit diesen Wörterbüchern zog es Horst L. und Rosa nicht hin. Alte Sprachen für die beiden waren Latein, Griechisch und Hebräisch. Mehr nicht, wozu auch? Latein, Griechisch, Hebräisch – davon braucht allerdings jeder, der Theologie studiert, Grundkenntnisse. Besser noch: *gute* Kenntnisse. Alle anderen alten Sprachen sind für Spezialisten.

Und doch zog es Horst L. und Rosa zu der Ecke mit den Wörterbüchern für alte Sprachen hin. Die Neugier zog sie dorthin. Die Bücher standen so tief im Regal, dass man auf sie herabschaute, und aus einem von ihnen ragten viele Bucheinkleber heraus, in Rot, Blau und Grün.

In keinem anderen der Bücher Otto F.s gab es Bucheinkleber. Nur in diesem einen, einem aramäischen Wörterbuch. In anderen Büchern waren zurechtgeschnittene Papierstreifen eingelegt. *So* hatte Otto F. Stellen in Büchern markiert. Das neumodische Mittel Bucheinkleber hatte er nie benutzt.

Und jetzt doch. Um Stellen, viele Stellen, in seinem aramäischen Wörterbuch zu markieren. Dieses Wörterbuch musste er in letzter Zeit intensiv benutzt haben.

Kann man von Horst L. erwarten, dass er jetzt kombiniert? Von Rosa kann man es nicht erwarten, aber von Horst L.?

Nein, man kann es auch von ihm nicht erwarten. Dazu ist das Indiz zu schwach. Die bunten Einkleber lassen die beiden Bücherauswählenden verwundert den Kopf schütteln, das wohl. Aber dann wandert das Buch zurück ins Regal.

Es klopfte an der Tür. Eleonore F. steckte ihren Kopf ins Zimmer und sagte: „Falls Sie auch an Zeitschriften interessiert sind, Horst, die stehen gebunden nach Jahrgängen im Keller und nehmen dort viel Platz weg. Wenn Sie wollen, können Sie sich auch dort umsehen."

Rosa: „Machen wir.“

Rosa stieg die steile Treppe voran nach unten, Horst L. folgte. Rosa: „Schau mal, Horst, hier ist ein Safe.“

Tatsächlich: Wo die Treppe aufhörte, war ein kleiner Safe. In die Wand eingebaut.

Wozu braucht ein Theologieprofessor einen Safe? Ein Theologieprofessor ist kein reicher Mann. Er hat nichts, was besonders geschützt werden müsste. Bargeld in größeren Mengen sammelt sich nicht an. Aber vielleicht braucht er einen Safe für den Schmuck seiner Frau. Erbstücke der Familie.

Horst L. hatte Eleonore F. allerdings nie mit Schmuck gesehen. Nicht mit dem geringsten Schmuckstück, aus Schmuck schien sie sich nichts zu machen.

Wozu dann aber der Safe?

Und noch eine Frage stellte sich: Da der Zement um den Safe herum nicht völlig trocken war, musste der Safe erst vor Kurzem eingebaut worden sein – aber warum?

Wie absichtslos zog Horst L. an der schweren Tür – der Safe öffnete sich.

Rosa und Horst L. schauten sich erschrocken an.

Dann schauten sie in den Safe.

Er war leer.

Von der Zeitschriften-Bibliothek im Keller hatte Horst L. nichts gewusst. Viele Meter lang zogen sich die Regale hin – sie nahmen wirklich viel Platz weg. Aber schon ein flüchtiger Blick zeigte Horst L., dass er mit den Zeitschriften nichts anfangen konnte: alles Spezialzeitschriften. War nicht doch etwas Allgemeines dabei? Doch; zwei, drei der gängigen Zeitschriften standen da, und am Ende der Reihe mit den gebundenen Jahrgängen lagen die Einzelhefte des laufenden Jahres. Rosa nahm eines der Hefte in die Hand und blätterte darin. „Schau mal, Horst“, sagte sie, „hier ist eine Anzeige, die dein Professor in die Zeitung gesetzt hat. Da wird von einem Manuskript berichtet, auch von einer Reise Otto F.s nach Genf. Und es wird gesagt, dass du dabei warst. Warum hast du mir nichts davon erzählt?“

Horst L. hätte jetzt sagen können: „Ich wollte dich aus der Sache heraushalten. Ich wollte nicht, dass dein Glaube durch dieses Jakobusevangelium Schaden nimmt.“

So *dachte* Horst L., aber er sagte es nicht. Er sagte gar nichts, er las erst einmal die Anzeige. Sie füllte eine Seite. Otto F. gab den Inhalt des Manuskripts wieder und schrieb, dass es ihm in Genf zum Kauf angeboten worden sei. Die Fahrt nach Genf habe er zusammen mit seinem Assistenten Horst L. – Horst L. zum Assistenten befördert – unternommen. Horst. L. habe sich mit seinem phänomenalen Gedächtnis das Manuskript wortwörtlich eingeprägt – in einer von ihm, Otto F., rasch hingesagten deutschen Übersetzung. Eine Kopie oder Fotografie habe nicht angefertigt werden dürfen. Das Manuskript sei echt – da sei er, Otto F., sich sicher. Und dann kam das Entscheidende: Otto F. rief zu

Spenden für den Ankauf auf, ein Bankkonto war angegeben. Öffentliche Gelder würden in einem solchen Fall kaum fließen, jedenfalls nicht schnell und ohne große Formalitäten. Der Besitzer der Handschrift dränge jedoch auf eine rasche Entscheidung: Will Otto F. kaufen oder nicht? Bei einer Absage oder längerem Zögern würde er – der Besitzer – sich an einen anderen Gelehrten wenden, einen aus Amerika. „Aber", so Otto F., „dieses kostbare Dokument muss unbedingt bei uns in Europa bleiben!"

Rosa, die noch einmal ganz genau mitgelesen hatte: „Was für eine Geschichte! Und davon hast du geschwiegen? Warum?"

Jetzt *musste* Horst L. etwas sagen. Jetzt konnte er nicht mehr schweigen. Er druckste herum, setzte an, sagte erst einmal: „Ich …", dann noch einmal: „Ich …", dann wieder gar nichts, und Rosa schaute ihn verständnislos an. Dann aber schaute sie ihr Mobiltelefon an, das meldete sich nämlich. Sie musste sprechen. Erst hören, dann sprechen. „Ist ja schrecklich", sagte sie, „aber er lebt noch?"

Ja, er lebte noch, ihr Vater. Er war mit einem Herzinfarkt ins Krankenhaus eingeliefert worden.

Rosa zu Horst L.: „Ich muss sofort zu meiner Mutter, sie abholen, und zusammen fahren wir ins Krankenhaus."

Eine schlimme Sache. Aber Rosa hatte für die nächste Zeit ganz bestimmt kein Jakobusevangelium mehr im Kopf.

IN EINER MORDKOMMISSION KOMMT niemand auf den Gedanken, theologische Zeitschriften zu lesen. Man liest die Tageszeitung. In der Vormittagspause, wenn man einen Kaffee trinkt. Dann stößt man auch auf die Kommentare der Journalisten zu den Fällen, an denen man arbeitet. *Der Mordfall Otto F. – immer noch keine Spur. Wer hat diesen Theologieprofessor erschossen und warum? Und weshalb lag ein Kruzifix auf seinem Schreibtisch? Die Polizei tappt noch völlig im Dunkeln.*

Jemand hätte kommen und der versammelten Mordkommission sagen müssen: „Ich habe eine andere Lektüre für euch. Lest einmal die Anzeige, die hier, im neuesten Heft einer theologischen Zeitschrift, abgedruckt ist. – Nun, wie schätzt ihr ein, was das Mordopfer Otto F. hier kurz vor seinem Tode von sich gibt? Kann man diese Anzeige in irgendeiner Weise mit dem Mord in Verbindung bringen? Könnte sie helfen, diesen aufzuklären?“

Aber es kam niemand mit jener theologischen Zeitschrift zu der Mordkommission. Die Beamten lasen weiter Tageszeitung. Tranken ihren Kaffee, lasen und schimpften auf die Journalisten oder lobten sie, je nachdem. Zum Mordfall Otto F. konnten sie fast jeden Morgen etwas lesen, der beschäftigte die Leute.

Wer außer Theologen liest theologische Zeitschriften? Nun, man könnte sich vorstellen, dass Leute, die das kulturelle und geistige Zeitgeschehen verfolgen, auch mal zu einer theologischen Zeitschrift greifen. Nicht zu einer Spezialzeitschrift, wohl aber zu einer mit allgemeinen Inhalten.

Die Frau, die Horst L. in seinem Studentenzimmer anrief, stellte sich so vor: „Mein Name ist Jutta Korte. Ich bin freie Journalistin. Ich habe Philosophie studiert und verfolge das kulturelle und geistige Zeitgeschehen. Auch Religion interessiert mich sehr. Meine Artikel erscheinen in den verschiedensten Zeitungen und Zeitschriften. Können wir uns einmal treffen? Ich habe in einer Anzeige, die Otto Fuhrmann, dieser auf mysteriöse Weise ermordete Theologieprofessor, in eine theologische Zeitschrift gesetzt hat, Ihren Namen gelesen.“

Horst L.: „Natürlich können wir uns treffen. Sehr gerne. Wann und wo?“

Jutta Korte: „In einem Café? Darf ich Sie zu Kaffee und Kuchen einladen? Übermorgen Nachmittag ginge es bei mir.“

Die Frau war schon älter. Sie trug ein langweiliges graues Sommerkostüm und hatte eine Hornbrille auf, hinter der ihre Augen unruhig flackerten. Das linke Auge wurde ständig zusammengekniffen. Ein Tic. Die Haare waren streng zurückgekämmt und hinten zu einer Rolle nach innen geschlagen – eine unmögliche Frisur. Horst L. bereute, als er die Frau sah, dem Treffen zugestimmt zu haben. Es fehlte nicht viel, und er hätte eine Entschuldigung gesucht, um sich auf und davon zu machen: „Ach, ich habe ganz vergessen, dass ..." Und dann weg von dieser Frau. Und auch keinem neuen Termin zustimmen.

Aber Horst L. blieb. Blieb in dem Café, und die beiden nahmen an einem Tischchen in einer Ecke Platz, wo sie ungestört von den anderen Gästen waren.

Da hast du noch einmal Glück gehabt, Otto F.! Was wäre gewesen, wenn Horst L. tatsächlich gegangen wäre? Du hättest genauer planen müssen. Du hättest sicherstellen müssen, dass zu Horst L. eine attraktive, nette Frau geschickt wird. Eine Frau ohne solch einen Makel wie einen Tic. Wieder einer deiner dramaturgischen Fehler, Otto F.! Deine gesamte Inszenierung stand gerade auf der Kippe. Aber es ist noch einmal gut gegangen. Horst L. spielt die ihm zugedachte Rolle. Er wird auch der Frau das Jakobusevangelium abspulen, warum sollte er nicht?

Ja, warum sollte er nicht?

Die erste Tasse Kaffee war getrunken, ein Stück Obsttorte mit Sahne war gegessen, die Reise nach Genf war erzählt, Notizen seitens der Frau waren gemacht, und jetzt kam die entscheidende Bitte: „Können Sie mir dieses Jakobusevangelium reproduzieren? Langsam zum Mitschreiben?"

Was Otto F. auf der Rückfahrt von Genf versäumt hatte, nämlich, sich das Jakobusevangelium aufsagen zu lassen zum Mitschreiben, das holte jetzt diese Frau nach. Eine Journalistin. Horst L. hätte das Jakobusevangelium *jedem* aufgesagt, Jedem, nur Rosa nicht. Aber Moment mal, wenn er das Jakobusevangelium einer Journalistin aufsagte und die mitschrieb, musste Horst L. damit rechnen, dass Rosa den Text demnächst in einer Zeitung oder Zeitschrift lesen würde. Dachte er daran nicht? Doch, dachte er. Aber Rosa hatte eine Inhaltsangabe ja schon gelesen. Und wenn es nötig sein würde, wenn Rosa wirklich das Jakobusevangelium lesen und dazu Fragen stellen würde, würde er, Horst L., den Text mit irgendwelchen Erklärungen entschärfen. So wie er seinerzeit die 250.000 Varianten in der Textüberlieferung des Neuen Testaments entschärft hatte. Rosas Glaube würde unbeschädigt bleiben, dafür würde er, Horst L., sorgen. Und wenn er lügen müsste.

Die Reproduktion des Jakobusevangeliums für die Journalistin Jutta Korte also. Langsam zum Mitschreiben. Horst L. stützte den Kopf in die Hände und schloss die Augen. Gut, dass andere Gäste nicht in der Nähe waren. Aber die Bedienung kam mit einer zweiten Tasse Kaffee. Horst L. öffnete noch einmal die Augen, tat Milch und Zucker in den Kaffee, rührte um, trank einen Schluck, schloss wieder die Augen und begann. Es floss nur so von seinen Lippen, und Jutta Korte musste immer wieder sagen: „Langsamer, langsamer."

Und was sagte Jutta Korte, als Horst L. fertig war? Sie sagte: „Der Eindruck, den man beim Lesen jener kurzen Meldung bekommt, die der Professor zum Jakobusevangelium drucken ließ, wird bestätigt. Dieses apokryphe Evangelium birgt Zerstörungspotential für Kirche und Glauben in sich. Ich kann mir vorstellen, dass es Kreise gibt, die eine Veröffentlichung um jeden Preis verhindern wollen."

Horst L. sah die Journalistin verständnislos an. Sah hauptsächlich ihr linkes Auge an, das mit dem Tic. Die Frau fuhr fort: „Ich werde meinen Artikel *Der Kruzifix-Mord* nennen. Was Ihrem Professor geschah, war religiös motiviert, war ein religiöser Mord. Das auf den Schreibtisch gelegte Kruzifix ist der Beweis dafür. Um meine Leserinnen und Leser so gründlich wie möglich zu informieren, werde ich auch den kompletten Wortlaut des Manuskripts, wie Sie ihn mir freundlicherweise reproduziert haben, mit abdrucken lassen."

Durch Horst L. würde der Wortlaut des Jakobusevangeliums also unter die Leute kommen. Jetzt erst begriff er. Er aß von seinem zweiten Stück Obstkuchen mit Sahne, das Jutta Korte ihm, ohne ihn gefragt zu haben, bestellt hatte, würgte, bekam nichts mehr herunter. Er hatte sich schuldig gemacht. Viele Menschen könnten seinetwegen in Glaubensnöte geraten. Es ging nicht nur um Rosas Glauben. Was hatte Jutta Korte gesagt? *Dieses apokryphe Evangelium birgt Zerstörungspotential für Kirche und Glauben in sich.* Ja, ja! Und deshalb hätte es in seinem, Horst L.s, Kopf bleiben müssen. Aber jetzt stand es auf Papier und war in der Handtasche der Journalistin Jutta Korte verschwunden. Konnte man es dort wieder herauskriegen? Und dann: vernichten. In Stücke reißen, verbrennen

„Geben Sie mir bitte Ihre Mitschrift des Jakobusevangeliums", sagte Horst L. zu Jutta Korte. „Ich möchte nicht, dass dieser Text publik gemacht wird."

Die Antwort war ein höhnisches Lachen. Und dann: „Nein, nein, den Text rücke ich nicht wieder heraus, der geht heute noch an eine Zeitschriftenredaktion."

Horst L. schob den Teller mit dem halb gegessenen Obstkuchen von sich und sagte: „Der Text ist mein geistiges Eigentum. Ich will seine Veröffentlichung nicht. Zur Not leite ich rechtliche Schritte ein."

Jutta Korte, wieder nach einem höhnischen Lachen: „Da müssen Sie sich aber beeilen. Während der nächsten zwei Stunden müsste mir ein Richter die Veröffentlichung verbieten."

Horst L. sackte in sich zusammen. Die Frau war Siegerin. Und sie hatte böse Absichten, das spürte er, das entnahm er ihrem höhnischen Lachen. Er wollte jetzt gehen. Keinen Augenblick mehr mit dieser Person zusammensitzen! Aber eines interessierte ihn noch: „Was meinen Sie damit, wenn Sie sagen, dass der Mord an dem Professor religiös motiviert war?"

Jutta Korte: „Das erkläre ich Ihnen jetzt nicht. Aber ich schicke Ihnen meinen Artikel zu, sobald er fertig ist. Dann können Sie nachlesen, was ich meine."

Der Kruzifix-Mord

Der geheimnisvolle Mord an dem emeritierten Theologieprofessor Otto F. steht vor der Aufklärung. Dem Professor, einem Spezialisten für alte Handschriften, ist ein apokryphes Evangelium, das er ankaufen und veröffentlichen wollte, zum Verhängnis geworden. Wie sein Student Horst L. berichtet, durfte sich Otto F. in Genf in einem Hotelzimmer dieses Evangelium anschauen; ein südländisch aussehender Mann, offenbar ein Araber, legte es ihm vor. Horst L. war bei dem Treffen zugegen. Otto F. bekam keine Erlaubnis, von dem Evangelium eine Kopie zu machen, nicht einmal Notizen durfte er sich anfertigen. Zum Glück verfügt Horst L. über ein ausgezeichnetes Gedächtnis; während der Araber auf dem Balkon weilte, murmelte Otto F. die Übersetzung des Textes vor sich hin, und Horst L.s Gedächtnis speicherte alles. So wurde das Evangelium auch ohne schriftliche Grundlage aus dem Genfer Hotelzimmer herausbefördert. – Zum Inhalt: Die Schrift nennt sich Jakobusevangelium und behauptet, von Jesu leiblichem Bruder Jakobus verfasst zu sein. Was dieser Jakobus schreibt, ist für den christlichen Glauben zerstörerisch und entzieht der Kirche jegliche Grundlage. Jesus wird auf einen bloßen Wanderprediger reduziert. Göttlichen Ursprungs war er nicht. Eine Auferstehung fand nicht statt. Wenn in der damaligen Zeit jemand anderes so etwas geschrieben hätte, bliebe das ohne Bedeutung. Aber was der leibliche Bruder Jesu zu sagen hat, wiegt schwer! – Otto F. hatte in einer theologischen Zeitschrift von diesem Evangelium berichtet, hatte auch auf seinen anstößigen Inhalt hingewiesen. Diese Anzeige muss von Kreisen gelesen worden sein, die eine Veröffentlichung des Jakobusevangeliums nicht hinnehmen wollten. Die bereit waren, eine solche Veröffentlichung mit allen Mitteln zu verhindern, selbst mit Mord. Damit der Kirche nicht geschadet werde. – Wenn man so an die Sache herangeht, gewinnt jenes Kruzifix, das auf dem Schreibtisch des Professors gefunden wurde, einen Sinn. Es ist ein Erkennungszeichen. Das Erkennungszeichen einer verschworenen christlichen Geheimgesellschaft, die den Glauben der Kirche schützen will. So eine Folgerung scheint logisch zu sein, auch wenn wir von dieser Geheimgesellschaft noch nichts Genaueres wissen. Aber wir wissen, dass es in der Kirchengeschichte immer wieder solche Geheimgesellschaften, solche geheimen Orden, gegeben hat. Tatsache ist auch, dass die Kirche im Laufe der Jahrhunderte mit ihren Gegnern nie zimperlich umgegangen ist. Wie viele Morde sind nicht auf ihr Konto zu buchen! Und nun offenbar auch der Mord an Professor Otto F. – Es wird endlich Zeit, dass unsere Gesellschaft eine wirklich säkulare wird. Dass der Einfluss der Kirche auf das öffentliche Leben beschnitten wird. Die Kirche darf ein Verein sein wie alle anderen, aber sie darf ihre Wertvorstellungen nicht mehr der Gesamtgesellschaft aufzwingen. Der Mord an Otto F. sollte als Gelegenheit wahrgenommen werden, die Rolle der

Kirche in unserer Gesellschaft neu zu überdenken. Das Ziel gegenwärtiger Religionspolitik muss eine vollständige Trennung von Staat und Kirche sein.

Diesem Artikel folgte, nach einigen einleitenden Worten, der komplette Abdruck des Jakobusevangeliums, wie Horst L. es Jutta Korte reproduziert hatte.

Pause im Arbeitszimmer der Mordkommission, man trank Kaffee, man las die Tageszeitung. Plötzlich wurde die Tür aufgerissen, die Sekretärin stürmte herein, mit hochrotem Kopf, hatte Fotokopien in der Hand: „Meine Herren, das müssen Sie lesen, sofort!“ Sie verteilte an die drei Beamten der Kommission die Fotokopien, jeweils vier Blätter zusammengeheftet: „Es handelt sich um einen Zeitungsartikel, den eine Journalistin mit Namen Jutta Korte über ein Manuskript geschrieben hat, mit dem der ermordete Professor kurz vor seinem Tode zu tun hatte.“

Die Tageszeitung wurde beiseitegelegt, die Kaffeetassen wurden nicht mehr angerührt. Die drei Beamten lasen, murmelten schon beim Lesen Kommentare, einer zückte einen Schreibblock und machte sich Notizen.

Beamter 1, nachdem alle die Lektüre beendet hatten: „Der Fall ist gelöst. Diese Journalistin hat gute Arbeit geleistet.“

Beamter 2: „Natürlich ist der Fall nicht gelöst. Gelöst ist er erst dann, wenn wir den Mörder haben.“

Beamter 1: „Du hast recht. Aber die Journalistin bietet ein Szenario, das sehr, sehr wahrscheinlich ist.“

Beamter 2: „Da stimme ich dir zu.“

Beamter 3: „Die Kommentare in der Presse zu unserer Arbeit an dem Mordfall werden immer gehässiger. Wir liefern nichts.“

Beamter 1: „Mit diesem Artikel hier ...“ er hob die Blätter in die Höhe „kriegen wir den Druck von uns weg.“

Beamter 3: „Wie meinst du das?“

Beamter 1: „Wir stimmen in einer öffentlichen Erklärung dieser Frau zu. Wir sagen, dass sie nach Einschätzung der Polizei zu 95% recht hat.“

Beamter 3: „Und wir fügen hinzu, dass in so einem Fall, wenn wirklich eine Geheimgesellschaft am Werk war, eine Aufklärung fast unmöglich ist. Wir und die Bevölkerung haben uns mit einer Hypothese zu begnügen – wobei diese Hypothese immerhin 95% Wahrscheinlichkeit für sich hat.“

Beamter 2: „Ja, so müssen wir argumentieren. Wir können uns anstrengen, wie wir wollen, wir werden in die Sache kein Licht bringen. Wir stehen wie vor einer Mauer.“

Beamter 1: „Auch keinerlei Hinweise aus der Bevölkerung gingen ein.“

Beamter 2: „Wir sollten dem Chef vorschlagen, die Mordkommission aufzulösen. Was meint ihr?“

Beamter 1: „Ja, sollten wir.“

Beamter 3: „Sollten wir."

Wenn jetzt Jutta Korte zugegen gewesen wäre, hätte sie erleichtert aufgeatmet. Und der Tic im linken Auge hätte an Frequenz zugelegt, das tat er immer, wenn Jutta Korte in Erregung geriet, in freudige oder traurige. Freudige Erregung also. Und aus ihr heraus die Dankesrede an die drei Kriminalbeamten: „Meine Herren, vielen herzlichen Dank für die geplante öffentliche Erklärung. Sie erweisen damit nicht etwa etwa mir, sondern *unserer Gesellschaft* einen großen Dienst. Gestützt auf diese Erklärung werde ich meinen Kampf gegen die Kirche und den christlichen Glauben fortsetzen. Ich werde ihn ausweiten, diesen Kampf, ich werde in den nächsten Wochen die Bevölkerung gegen die Kirche aufbringen. Diese soll einen Schlag bekommen, der ihr richtig wehtut. Sie hat ihn verdient. Wir brauchen eine öffentliche Diskussion über die Rolle der Kirche in der Gesellschaft. Was hat sich eigentlich seit dem Mittelalter verändert? Hat die Kirche nicht immer noch zu viel Macht über die Menschen? Und weiter: Offenbar wird nicht nur der Islam gefährlich, wenn er im Innersten angegriffen wird, sondern auch die christliche Kirche. Sie tut dann das, was sie im Laufe ihrer Geschichte immer wieder getan hat: morden, um Schweigen zu erzwingen. Ich, Jutta Korte, werde hoffentlich auch in Talk-Shows eingeladen werden, um meine Kampagne gegen die Kirche vor einem Millionenpublikum führen zu können."

Ja, Jutta Korte, du wirst in Talk-Shows eingeladen werden. Dort wird, wegen der Erregung, der freudigen Erregung, dein Tic wiederum an Frequenz zulegen und die Leute werden mehr auf dein linkes Auge schauen, als dass sie dir zuhören. Aber trotzdem: Der Schaden, den du anrichten wirst, wird beträchtlich sein. Die Kirche wird in die Defensive geraten, in vielen Diskussionsveranstaltungen wird sie sich verteidigen müssen. Und viele Menschen werden sich von ihr abwenden. Zufrieden, Jutta Korte?

„ICH BIN BEI EUCH ALLE TAGE BIS AN DAS ENDE DER WELT." Hat er das wirklich gesagt? Hat Jesus das, was da am Ende des Matthäusevangeliums steht, als allerletzter Satz, wirklich gesagt? Nicht der Jesus des Jakobusevangeliums. Der war nur ein Wanderprediger. Der ist gestorben, verscharrt, verwest. In einer Notsituation des Lebens kann man sich an ihn nicht wenden. Aber an den Jesus des Matthäusevangeliums. Das ist der auferstandene Herr, der greift machtvoll ein.

Kann er auch einen Herzinfarktpatienten aus dem Rachen des Todes reißen?

Rosas Mutter, Rosa und Horst L. rannten den Krankenhausflur entlang, hin zur Intensivstation. Rosas Vater lag im Sterben. Ein 58-jähriger Mann, noch viel zu jung. Rosas Mutter, Rosa und Horst L.: das war zweimal Vollglaube und einmal Halbglaube. Der Halbglaubende wurde aber mitgerissen von den Vollglaubenden, glaubte auf einmal auch voll, wenigstens für die Zeit des Gebets. Sie durften die Intensivstation nicht betreten, die drei. Sie verzogen sich in eine Nische, wo sie allein waren, und dort wurde der auferstandene Herr angefleht, sich zu Rosas Vater zu begeben und ihn anzurühren.

Das ist christlicher Glaube.

Das ist nicht nur einfach eine Weltanschauung.

Hier geht es ums Ganze, um Heil im Diesseits und Jenseits. Und das hat mit Jesus Christus zu tun.

Man könnte hinterher sagen: „Der Mann hat noch einmal Glück gehabt." Oder: „Die Ärzte hatten sich getäuscht, so schlimm war es nicht gewesen." Aber die drei sagten so etwas nicht. Als ihnen die Nachricht überbracht wurde, der Patient sei aus der Lebensgefahr heraus, lobten sie den auferstandenen Herrn. Dankten ihm für seinen Eingriff in Todesnot.

Nicht der Jesus des Jakobusevangeliums. Der Jesus des *Matthäusevangeliums*. Der Jesus des Neuen Testaments. Eine Schrift wie das Jakobusevangelium geht Glaubende nichts an. Ganz abgesehen davon, dass das Jakobusevangelium eine Fälschung ist. Aber noch richtet es großen Schaden an. Überall wird es diskutiert. Überall wird mit ihm in der Hand die Kirche angegriffen. Wie ist dieser Siegeszug zu stoppen? Und: *Wer* könnte ihn stoppen?

Nun, der, der für diesen Siegeszug verantwortlich ist, Horst L. Der daran auch unsäglich leidet, der sich die größten Vorwürfe macht.

Und was müsste Horst L. tun?

Zunächst einmal sollte er das Angebot des Neutestamentlers der Fakultät, bei ihm Wissenschaftliche Hilfskraft zu werden, annehmen. So käme er in Kontakt mit einem Fachmann. Und dann …

Rosa: „Was? Burrmeister hat dir angeboten, bei ihm Wissenschaftliche Hilfskraft zu werden? Das ist der erste Schritt auf deiner Stufenleiter zum Professor, Horst!"

Horst L.: „Ich weiß nicht. Ich habe solche Scheu vor Menschen. Und als Hilfskraft müsste ich auch einen Lektürekurs geben, hat Burrmeister gesagt."

Rosa: „Dann gibst du eben einen Lektürekurs! Du wirst das machen, und wenn ich dich jedes Mal zum Seminarraum hinzerren müsste!"

Klaus Burrmeister saß lässig auf seinem Bürostuhl und hatte die Beine auf den Schreibtisch gelegt. Er trug Jeans und schicke Modeschuhe, dazu ein kurzärmliges, buntgemustertes Hemd. Er war sportlich, Tennisspieler und Jogger. „Wir sollten uns duzen", sagte er zu Horst L., der ihm gegenübersaß. „Ich bin der Klaus."

Horst L.: „Ich bin der Horst."

Klaus B.: „Irgendwo habe ich für solche Momente einen Apfelkorn zum Anstoßen. Ich komme aus dem Münsterland, da trinkt man gern so etwas, weißt du." Er erhob sich, suchte im Schrank, fand Flasche und Gläser, schenkte ein.

„Prost!"

„Prost!"

Klaus B.: „Ich bin mit deiner Arbeit sehr zufrieden, Horst. Auch die Studenten des Lektürekurses äußern sich positiv. Du verblüffst sie mit deinem Wissen."

Horst L. fühlte, wie er rot wurde.

Klaus B.: „Es hat noch Zeit, aber ich mache dir schon jetzt den Vorschlag, bei mir eine Doktorarbeit zu schreiben. Mit den Vorüberlegungen könnte man bereits beginnen."

Wäre jetzt Rosas Anwesenheit nötig? War Horst L. auf einen aufmunternden Blick von ihr angewiesen? Nein, war er nicht. Er sagte auch ohne Rosa sofort ja. Er sagte *begeistert* ja.

Klaus B.: „Du könntest zum Beispiel über das Verhältnis der apokryphen Evangelien zu den neutestamentlichen arbeiten. Wäre das etwas?"

Horst L., wie elektrisiert: „Spielst du auf das Jakobusevangelium an, das zurzeit überall diskutiert wird?"

Klaus B. winkte ab: „Mit diesem Bluff beschäftigen wir uns wissenschaftlich nicht. Nein, ich meine das ganz allgemein: Welchen theologischen Gehalt haben die Evangelien, die außerhalb des Neuen Testaments geblieben sind? Und wie ist ihre Theologie im Vergleich mit der der neutestamentlichen Evangelien zu bewerten? Eine umfassende Analyse müsste das werden, sehr anspruchsvoll, aber ich traue dir das zu."

Bluff. Dieses Wort jagte durch Horst L.s Gehirn. Das Jakobusevangelium – ein Bluff? Wie meinte Klaus B. das? Horst L. fragte nach. Und rang darum, sich seine Erregung nicht anmerken zu lassen.

Klaus B.: „Das Jakobusevangelium ist ganz klar eine Fälschung. Ich glaube nicht, dass der historische Jakobus, der Bruder Jesu, ein solches Evangelium geschrieben hat. Wir können anhand des Neuen Testaments die Rolle, die Jakobus in der Urkirche gespielt hat, sehr genau beschreiben. Jakobus stand treu zu Jesus, seinem Bruder. Er glaubte an dessen Sendung. Er wollte die Kirche nach vorne bringen, aufbauen. Eine Schrift, die Jesus auf einen bloßen Wanderprediger reduziert, hätte er nie verfasst."

Horst L.: „An welchen Stellen im Neuen Testament kann man das festmachen?"

Klaus B.: „An mehreren. Die wichtigste ist Galater 2,9. Paulus nennt Jakobus hier eine Säule der Gemeinde von Jerusalem. Das hätte er nie getan, wenn er Jakobus für häretisch gehalten hätte. Häretiker greift Paulus frontal an, da ist er nicht zimperlich."

Horst L., zu dir spricht ein Professor für Neues Testament, ein Fachmann. Sein Urteil zählt, seins allein. Egal, was man in der Öffentlichkeit sagt. Egal, was die vielen theologisch Halbgebildeten von sich geben.

Klaus B. schob noch nach: „Ich bin überzeugt, dass alle Universitätstheologen, die beruflich das Neue Testament auslegen, das sogenannte Jakobusevangelium so bewerten wie ich."

„Rosa, das Jakobusevangelium ist ein Bluff. Hat Burrmeister gesagt. Ich komme gerade von ihm." Horst L. hatte Rosa in der Cafeteria aufgespürt und setzte sich zu ihr.

Rosa: „Das Jakobusevangelium? Ach ja, das Jakobusevangelium …"

Rosa hatte die Diskussion um das Jakobusevangelium nicht mitbekommen, sie war zu sehr mit ihrem Vater beschäftigt gewesen. Der befand sich inzwischen auf dem Weg der Besserung und sollte in einer Woche aus dem Krankenhaus entlassen werden. Das wollte Rosa Horst L. mitteilen, aber der sprach vom Jakobusevangelium. Der quoll über vom Jakobusevangelium und dass es eine Fälschung sei.

Fälschung oder keine Fälschung, Rosa hatte anderes im Kopf, hatte ihren Vater im Kopf, das Jakobusevangelium war nicht bis zu ihrem Glauben vorgedrungen, hatte ihn nicht beschädigt, Horst L. hätte sich seine Attacke gegen diese glaubenszerstörende, aber gefälschte Schrift sparen können. Rosa ließ ihn jedoch reden. Er sollte sich bei ihr sein Herz ausschütten, schließlich war sie seine Freundin.

„Weshalb überhaupt dieser Schwindel mit dem Jakobusevangelium?", fragte Horst L. abschließend. „Und hat diese Schrift etwas mit dem Mord an Otto Fuhrmann zu tun?"

In der Cafeteria der Theologischen Fakultät bahnte sich die Aufklärung eines mysteriösen Mordfalls an. Es war jetzt wichtig, dass Rosa und Horst L. gut zusammenarbeiteten. Dass sie einander in ihren Überlegungen ergänzten. Und Rosa musste die gute Nachricht über ihren Vater noch unterdrücken.

Rosa: „Ruf doch mal diese Journalistin an, der du das Jakobusevangelium mitgeteilt hast. Wie heißt sie noch?"

Horst L.: „Jutta Korte. Und warum soll ich sie anrufen?"

Rosa: „Teil ihr mit, was Burrmeister zum Jakobusevangelium gesagt hat. Mal schauen, wie sie reagiert."

Jutta Korte war am Telefon sehr ungehalten. Nein, sie wolle sich mit dem Mordfall Otto F. nicht noch einmal beschäftigen, alles sei gesagt. Dass die Fachgelehrten die Existenz eines Jakobusevangeliums für unmöglich halten? – „Ach, was Gelehrte so meinen ..." Und immerhin *ein* Gelehrter, ein sehr wichtiger Vertreter seines Faches, eben Otto F., habe an der Echtheit des Jakobusevangeliums keine Zweifel gehabt.

Otto F. gegen den Rest der Gelehrtenschaft.

Da konnte etwas nicht stimmen.

„Otto Fuhrmann war sehr alt", wagte Horst L. einzuwenden, „vielleicht befand er sich nicht mehr auf der Höhe des Forschungsstandes."

„Im Alter nimmt die Weisheit zu", kam es bissig aus dem Telefonhörer. „An der Schwelle des Todes urteilt man anders als vorher."

An der Schwelle des Todes ...

Mit 83 Jahren steht man an der Schwelle des Todes, oder?

Vielleicht auch nicht. Vielleicht lebt man noch eine Reihe von Jahren. Wenn man gesund und rüstig ist.

Wieso hatte die Journalistin sagen können, Otto F. befinde sich an der Schwelle des Todes? Was wusste diese Frau?

Otto F.s Bleichheit ...

Seine Unfähigkeit, einige hundert Meter zu gehen ...

Rosa: „Ein neuer Besuch bei Professor Fuhrmanns Witwe ist nötig."

Horst L.: „Was versprichst du dir davon?"

Die beiden saßen wieder in der Cafeteria, Horst L. hatte von dem Telefongespräch mit Jutta Korte berichtet. Und hatte Otto F.s Krankheitssymptome geschildert.

Rosa, nachdem sie einen Schluck Kaffee getrunken hatte: „Wir werden Eleonore Fuhrmann zum Gesundheitszustand ihres Mannes kurz vor dem Mord befragen."

Horst L.: „Sie wird uns nicht die Wahrheit sagen."

Rosa: „So ist es. Sie wird wieder fröhlich und heiter sein und wird lügen."

Horst L.: „Was könnten wir dagegen tun?"

Rosa: „Fröhlichkeit und Heiterkeit dieser Frau waren aufgesetzt. Sie trug eine Maske. Wir müssen ihr die Maske vom Gesicht reißen. *Das* müssen wir tun. Dann wird sie uns die Wahrheit sagen."

Horst L.: „Maske vom Gesicht reißen? Wie soll das geschehen?"

Rosa überlegte. Trank wieder Kaffee und überlegte. Horst L. überlegte auch.

Rosa: „Die neuerliche Begegnung darf nicht in ihrem Haus stattfinden. In ihren vier Wänden fühlt sie sich sicher. Da bewirtet sie uns wieder mit ihren selbstgebackenen Keksen, und nichts kommt dabei heraus."

Horst L.: „Sehe ich auch so. Aber wo wäre der richtige Ort für ein Treffen?"

Rosa: „Auf dem Friedhof. Wenn sie am Grab ihres Mannes steht. Dann treten wir plötzlich herzu, wir waren halt auch auf dem Weg zu dem Grab, und sprechen ihr unser Beileid aus. So könnte sich ein Gespräch entwickeln, in dem sie sich offenbart."

Horst L.: „Eine glänzende Idee. Und wie erfahren wir, wo Otto Fuhrmann begraben liegt?"

Rosa: „Wir werden es recherchieren. Kann so schwer nicht sein."

Horst L.: „Wir müssen auch herausbekommen, wann die Frau zum Friedhof geht. Vielleicht gibt es da einen festen Tag und eine feste Zeit."

Rosa: „Irgendwie werden wir unser Treffen mit ihr an dem Grab schon hinbekommen."

Friedhöfe sind ein Ort der Begegnung. Man sucht sie auf, um den lieben Verstorbenen zu begegnen. Tief in Gedanken versunken geht man durch das Friedhofstor, geht den breiten Mittelweg entlang, und wenn der Tote erst kürzlich beerdigt wurde, geht man bis sehr weit hinten zu den frischen Gräbern. Ist man eine alte Frau und auf dem Weg zum Ehemann, könnte es sein, dass man Schwarz trägt. Und ein paar Blumen in der Hand hält, vielleicht Nelken.

Friedhöfe sind ein Ort der Begegnung. Auch der Begegnung mit Lebenden? Seitlich des Mittelwegs, hinter Büschen versteckt, waren zwei junge Leute. Sie beobachteten, wer den Weg entlangging.

„Sie trägt Schwarz", flüsterte Rosa Horst L. zu, als Eleonore F. auftauchte. „Und schau mal, wie langsam und gebeugt sie geht. Das ist nicht mehr die Frau mit der aufgesetzten Fröhlichkeit und Heiterkeit. Jetzt haben wir sie ohne Maske."

Horst L.: „Wir brauchen ihr gar nichts herunterzureißen."

Rosa: „Weiße Nelken hat sie in der Hand. Traurig ist das alles."

Horst L.: „Ja, traurig. Aber die Frau hat etwas mit dem Verbrechen zu tun, mit dem Mord."

Rosa: „Vielleicht ist sie Mitwisserin."

Die beiden ließen Eleonore F. passieren und folgten ihr in gehörigem Abstand. Am Grab angelangt, wagten sie kaum, die Andacht der Frau zu stören. Eleonore F. stand da mit gefalteten Händen und geschlossenen Augen, die Nelken waren auf das Grab gelegt. Horst L. räusperte sich, da blickte die Frau erschrocken auf: „Wer sind Sie? Was wollen Sie? Ach ja, das sind Horst und … und …“

Rosa: „Und Rosa.“

Eleonore F.: „Ach ja, Rosa.“

Horst L.: „Es zog uns zu dem Grab Ihres Mannes hin. Wir konnten nicht wissen, dass Sie auch kommen und wir Sie stören würden. Also gehen wir lieber und kommen ein anderes Mal wieder.“

Das war sehr gewagt gewesen, das hätte Horst L. besser nicht sagen sollen. Aber es ging gut.

Eleonore F.: „Nein, bleiben Sie. Nehmen Sie an meiner Trauer teil.“

Jetzt waren es drei, die in Andacht vor dem Grab standen. Aber für Horst L. und Rosa war es nur eine Schein-Andacht. Eine Schein-Pietät. Sie waren in Gedanken schon bei dem Gespräch, das hoffentlich folgen würde.

Eleonore F. zog ein Taschentuch hervor und tupfte sich die Augen ab.

Horst L., immer noch in seiner Schein-Andacht, schaute verstohlen zu der Frau hinüber und dachte bei sich: Sie befindet sich jetzt in der richtigen seelischen Verfassung.

Ja, befand sie sich. Und sie begann von alleine zu reden. „Mein Mann hatte Leukämie“, sagte sie. „Er hätte, als er erschossen wurde, nur noch zwei oder drei Monate zu leben gehabt. Man hat uns gesagt, dass ein Leukämie-Tod ein schrecklicher Tod ist. So gesehen …“ Die Frau begann zu schluchzen.

„Was: *so gesehen*? Reden Sie weiter, reden Sie weiter!“, drängte Horst L. Die Schein-Pietät hatte er abgeworfen. Er war jetzt Ermittler, fast ein Kommissar.

Eleonore F. redete weiter: „So gesehen war Ottos Ermordung eine Erlösung. Ihm wurde ein tagelanger Todeskampf erspart.“ Die Frau schluchzte noch mehr und bedeckte ihre Augen mit den Händen.

Wenn Horst L. wirklich ein Ermittler ist, muss er den Zustand, in dem die Frau sich befindet, ausnutzen, um Weiteres aus ihr herauszuholen.

Was?

Ja, was, Horst L.? Überleg! Denk an den Moment, als du in ihr Wohnzimmer tratst und nicht Platz nahmst, sondern wie erstarrt stehenbliebst. Weil an der Wand hinter der Wohnzimmercouch etwas fehlte und etwas war. Es fehlte das Foto, das die blinden Enkelkinder zeigte. Und es hing dort das Kruzifix, das neben dem ermordeten Otto F. auf dem Schreibtisch gelegen hatte.

Horst L. war wirklich ein Ermittler. Er fragte die Frau: „Wie geht es übrigens den Enkelkindern? Den beiden blinden Enkelkindern?“

Eleonore F.s Züge hellten sich auf. Sie war auf einmal nicht mehr am Grab, sie war bei den Kindern. Und sagte: „Stellen Sie sich vor, die Operation in Amerika ist gemacht worden. Und geglückt. Die beiden Kinder können jetzt sehen!“

Wieder musste Eleonore F. ihre Tränen trocknen. Aber es waren diesmal Freudentränen.

So, so, die teure Operation in Amerika hatte stattgefunden. Und wo war das Geld dafür hergekommen? Das viele Geld?

Otto F. war auf einmal nicht mehr im Grab. Er stand vor Horst L., ballte die Fäuste, bekam einen hochroten Kopf und rief mit sich überschlagender Stimme: „Ich werde einen Weg finden, ich werde das Geld auftreiben!“

Geld, viel Geld.

Auch in der Bibel geht es oft um Geld. Im Zweiten Korintherbrief zum Beispiel, da spricht Paulus ausführlich von der Kollekte, die er für Jerusalem einsammelt. Eine große Summe soll es werden, und alle sollen spenden. Zweiter Korintherbrief, Lektürekurs, anspruchsvolles Griechisch, aber die Wissenschaftliche Hilfskraft Horst L. beherrscht dieses Griechisch, erklärt den Studenten die Satzkonstruktionen, die Grammatik, beantwortet Fragen.

Alle sollen spenden, will Paulus. Überall in seinen Gemeinden.

Plötzlich ist Horst L. nicht mehr bei der Sache. Das Stichwort *spenden* hat das bewirkt. Horst L. verhaspelt sich, schaut auf die Uhr, möchte, dass der Lektürekurs zu Ende geht. Er muss über etwas nachdenken. Über das Wort *spenden.*

Otto F. hat in der Anzeige, die er in die theologische Zeitschrift gesetzt hat, zum Spenden aufgerufen. Für den Ankauf des Jakobusevangeliums. Und von dem gespendeten Geld hat er die Augenoperation seiner Enkelkinder bezahlt. Logisch, oder?

Horst L., der inzwischen den Lektürekurs hinter sich gebracht hatte und in seinem Studentenzimmer saß, lehnte sich zurück. Ja, da gab es eine Linie: Jakobusevangelium – Spendengeld – Augenoperation. Otto F. hatte das Geld, das ihm für den Ankauf des Jakobusevangeliums anvertraut worden war, veruntreut. So musste es gewesen sein. Die ganze Sache mit dem Jakobusevangelium war nur erfunden worden, um an Geld zu kommen. Aber wie konnte man das beweisen? Ein erster Schritt war, die Zeitschriftenredaktion anzurufen und um Auskunft zu bitten. Wie viel Geld war eingegangen? Und war es bereits an Otto F. überwiesen worden?

Doch würde die Zeitschriftenredaktion diese Informationen herausgeben?

Horst L. griff zum Telefon und rief an. Aber nicht die Zeitschriftenredaktion, sondern zunächst Rosa. Die hatte wieder einmal eine gute Idee. „Tarn dich als Spender“, sagte sie. „Und tu so, als ob du von dem Mord an Professor Fuhrmann nichts wüsstest.“

Horst L. als Spender … Er, der monatlich nur mit Mühe über die Runden kam. Aber es ging besser, seitdem er als Wissenschaftliche Hilfskraft Geld verdiente. Wie viel konnte er spenden? 10.000? 20.000? Er beschloss: 30.000. Zunächst die Frage stellen: „Ist schon genügend Geld eingegangen, oder benötigen Sie noch weitere Spenden?“ Und dann diese Summe anbieten, 30.000, das würde Eindruck machen.

Eine freundliche Sekretärin mit sehr jugendlicher Stimme war am Telefon. „Ich bin nur Aushilfskraft“, sagte sie, auf die Anzeige hin angesprochen, „ich weiß nicht, worauf Sie sich beziehen. Warten Sie einen Moment, ich erkundige mich.“

Horst L. wartete am Telefon, trommelte nervös mit den Fingern und hoffte, das zu erfahren, was er erfahren wollte. Es war einfacher, als er dachte. Er brauchte selber gar nichts zu sagen, zu erklären, brauchte keine Spendensumme anzubieten. Als die jugendliche Stimme wieder am Telefon war, plauderte sie los: „Der Professor, der die Anzeige in unsere Zeitschrift gesetzt hat, ist inzwischen tot. Eingegangen ist auf das Spendenkonto, das übrigens von der Redaktion selber eingerichtet wurde, nur ein kleiner vierstelliger Betrag. Wir werden den Spendern die eingezahlten Beträge rücküberweisen.“

Horst L. war enttäuscht. Die Linie *Jakobusevangelium – Spendengeld – Augenoperation* gab es nicht.

Friedhöfe sind ein Ort des Nachdenkens. Man tritt vor ein Grab, senkt den Kopf, vergisst alles um sich herum und denkt an früher zurück. Als der liebe Verstorbene noch lebte. Man lässt vor seinen inneren Augen all das Schöne ablaufen, das man zusammen erlebt hat, aber auch das Traurige. Vielleicht zieht man ein Taschentuch hervor und tupft sich die Tränen von den Augen.

Horst L. und Rosa, am Grab von Otto F., zogen keine Taschentücher hervor und tupften sich keine Tränen von den Augen. Nachdenken, das taten sie allerdings. Aber nicht über das Schöne oder Traurige, das sie mit Otto F. erlebt hatten. Rosa hatte ohnehin nichts mit ihm erlebt. Die beiden dachten vielmehr über das nach, was ihnen Otto F.s Witwe vor einigen Tagen hier am Grab erzählt hatte. Rosa war der Meinung gewesen: „Wir sollten über die Sache an *Otto Fuhrmanns Grab* nachdenken. Das ist der beste Ort dafür. Das ist besser als Cafeteria oder sonst was. Am Grab haben wir die Chance, dass Otto F. sich selber zu Wort meldet.“

Horst L.: „Sich selber zu Wort meldet? Sag mal, spinnst du? Oder bist du unter die Spiritisten gegangen?“

Rosa, beruhigend: „Ich meine es nicht spiritistisch, Horst. Ich meine es psychologisch. Wir sind am Grab in einer anderen Verfassung als zum Beispiel in der Cafeteria. Wir sind sensibler.“

Das sah Horst L. ein, und so machten sich die beiden erneut auf den Weg zum Friedhof. Dort traten sie an Otto F.s Grab, warteten, warteten, aber Otto F.s Stimme ließ sich nicht vernehmen.

„Er liegt dort also mit einem Einschussloch in der Stirn und mit Krebszellen im Blut“, sagte Horst L. irgendwann. „Zweifache Todesursache.“

Rosa: „Gesetzt den Fall: Möchtest du lieber an Leukämie sterben oder erschossen werden?“

Die Antwort kam prompt: „Erschossen werden.“ Und nach einigen Augenblicken schob Horst L. zögernd nach: „Aber man hätte ja nicht die Wahl.“

Hätte man sie wirklich nicht?

Rosa: „Natürlich hätte man sie!“

Rosa, erschrocken: „Was habe ich da gesagt?“

Horst L.: „Du hast gesagt, dass man die Wahl hätte.“

Rosa, für einen Moment wie in Trance: „Nein, nein, ich habe gar nichts gesagt. *Er* hat gesprochen, der Professor, aus dem Grab heraus.“

Also gut, der Professor hat gesprochen, durch Rosa hindurch. So etwas geschieht aber nur an Gräbern. Und wenn man sehr sensibel ist.

Horst L.: „Man hätte also die Wahl. Aber wenn die Wahl auf *Erschießen* fällt, müsste man dafür bezahlen.“

Rosa, jetzt wieder sie selber: „Natürlich. Man braucht ja einen Killer, und der will sein Geld.“

Horst L.: „Man gibt seinen eigenen Tod in Auftrag. Und einige Zeit später sitzt man am Schreibtisch, öffnet das Fenster, was man sonst nie tut, und bietet dem Killer, wenn er sich nähert, die Stirn dar.“

Schweigen. Nachdenken.

Horst L., nach einer Weile: „Bezahlen, bezahlen … Otto Fuhrmann hat also Geld *ausgegeben*. Wahrscheinlich *viel* Geld, ein Killer ist teuer. Aber wir gehen doch davon aus, dass er für die Operation seiner Enkelkinder Geld *bekommen* hat.“

Wieder stimmte etwas nicht. Man stand am Grab und kam nicht weiter. Auch Otto F. schwieg beharrlich. Er wollte offensichtlich das Geheimnis seines Todes und wie das Jakobusevangelium mit diesem Tod zusammenhing bei sich behalten.

KEIN KRIMINALBEAMTER AUF DER GANZEN WELT mag es, wenn ein Besserwisser kommt und ihm erklärt, wie er bei der Aufklärung eines bestimmten Verbrechens vorzugehen habe. Und wenn der Kriminalbeamte sogar der Chef ist, nicht nur irgendein Kommissar, dann hat er für diesen Besserwisser nur Spott übrig.

Horst L. war es gelungen, tatsächlich bis zum Chef vorzudringen. Bis zum Vorzimmer zunächst. Dort saß er nun, schon fast schon eine Stunde. Die Sekretärin vertröstete ihn immer wieder: „Herr Kleinert hat einen Termin außer Haus, aber er kommt gleich." – „Kann nicht mehr lange dauern." – „Er verspätet sich oft, ich kenne das." – „Wollen Sie in der Zwischenzeit einen Kaffee trinken?"

Nein, Horst L. wollte in der Zwischenzeit keinen Kaffee trinken. Er wollte, dass dieser Kleinert erschien. Endlich schob der seinen Bauch durch die Tür. Ein Fettwanst. Er ließ sich auf seinen Schreibtischstuhl fallen und faltete die Hände auf dem Bauch. „Schießen Sie los", sagte er zu Horst L., der ihm gegenübersaß, durch den Schreibtisch getrennt.

Kaum, dass Horst L. angefangen hatte zu reden: Mordfall Otto Fuhrmann, er habe da eine Idee, unterbrach ihn Kleinert: „Der Fall ist abgeschlossen, die Mordkommission aufgelöst. Wir haben uns der Theorie angeschlossen, die die Journalistin Jutta Korte aufgestellt hat. Diese Frau hat gut kombiniert."

Horst L. gegen Jutta Korte. Die war auf einmal mit im Raum, gegen die musste er anreden. Was hatte er an Argumenten? Blinde Enkelkinder, teure Augenoperation in Amerika, Otto F.s Schwur, das Geld zu beschaffen, Operation durchgeführt und geglückt.

„Der Professor hat irgendwoher eine hohe Geldsumme erhalten, und das muss mit dem Mord zusammenhängen", schloss Horst L. seine Ausführungen. „Überprüfen Sie auf seinen Konten die Geldbewegungen der letzten Zeit."

Das hätte Horst L. höflicher formulieren sollen. Nicht im Befehlston. So aber stand er jetzt als Besserwisser da. Und prompt kam Kleinerts Spott: „Was hatten Sie gesagt, als Sie sich vorstellten? Sie seien Theologiestudent? Satteln Sie um, beginnen Sie eine Lehre bei uns." Ein selbstgefälliges Lachen dazu, Kleinert fand sich gut. Fand gut, was er gesagt hatte.

Und Horst L.? Verabschiedete der sich jetzt und schlich aus dem Raum? Als Autist hätte er das machen müssen. Als Autist hätte er gar nicht erst zur Polizei gehen dürfen. Wäre er auch nicht, aber Rosa hatte ihn hingeschleppt. Und wartete vor dem Gebäude. Sie hatte ihm gedroht: „Komm nicht ohne Ergebnis zurück, sonst ...“ Horst L. zwischen einem spottenden Kriminalchef und Rosa, so kann es einem Autisten ergehen. Eine Form von Therapie war das. Man konnte sich die Kosten für eine solche sparen, Rosa übernahm die Rolle der Therapeutin. Und Rosa hätte jetzt gesagt: „Steh auf. Erheb dich von deinem Stuhl, mach dich groß, schon das wirkt.“

Es wirkte. Horst L. stand auf und schaute auf Kleinert herab, wenn auch durch den Schreibtisch getrennt. Kleinert war verdutzt. Kleinert war sprachlos. Und jetzt legte der Autist, der momentane *Nicht-Autist* Horst L. los. Er schlug mit der flachen Hand auf die Schreibtischplatte und wiederholte mit Donnerstimme seine Forderung. *Forderung* – Horst L. sprach wieder im Befehlston. Sprach nicht höflicher.

Kleinert, noch verdutzter: „Ist ja gut, wir werden die Überprüfung der Geldbewegungen vornehmen.“

In Ämtern ist Rauchen verboten, aber Kleinert paffte trotzdem eine dicke Zigarre. Er blies den Rauch zu Horst L. hin, der saß ihm wieder gegenüber. Es dauerte eine Weile, bis Kleinert etwas sagte. Er kostete Horst L.s Spannung aus; der war kribbelig, der knetete seine Finger. Draußen vor dem Gebäude wartete wieder Rosa, die war auch kribbelig. Aber sie knetete nichts. Sie würde Horst L. kneten, falls der als Verlierer aus dem Gebäude herausgeschlichen käme, das hatte sie ihm angedroht. Vielleicht müssen Autisten einfach nur härter angefasst werden. Bei Horst L. jedenfalls zeigte das Wirkung. Aber auch Kleinerts Schweigen und Zigarrenrauchen zeigten Wirkung. Beides war wohlberechnete Demütigung. Und dann kam der vernichtende Schlag: „Für eine Lehre bei der Polizei eignen Sie sich doch nicht, junger Mann. Bleiben Sie bei der Theologie, da können Sie Luftschlösser bauen. Bei uns Kriminalbeamten zählen *Fakten*. Und Fakt ist, dass es auf Professor Fuhrmanns Konten in der letzten Zeit keine größeren Geldbewegungen gegeben hat. Wir haben es überprüft.“

Da sackt man in sich zusammen. Und Jutta Korte ist wieder mit im Raum, die lacht höhnisch und sagt zu Horst L.: „Lass deine Finger aus der Sache. Du hast sie dir verbrannt, und nun zieh sie zurück. Zieh *dich* zurück, hau ab.“

Horst L. gegen Jutta Korte, zweite Runde bereits. Horst L., mit der drohenden und zu allem fähigen Rosa im Rücken, begann fieberhaft nachzudenken. In seinem autistischen Gehirn überstürzten sich die Gedanken. *Ein* Gedanke dominierte plötzlich: der Gedanke *Tresor*. Der Gedanke *frisch eingemauerter Tresor*. „Der Professor hat die Operation seiner Enkelkinder mit Bargeld bezahlt“, überlegte Horst L. laut. „Vorher hat er dieses Bargeld ins Haus geliefert bekommen.“ Dann erzählte er von dem Tresor.

Kleinert wurde nachdenklich. Machten das die Wörter *Tresor* und *Bargeld*? Tresor, Bargeld – das sind für Kriminalbeamte Reizwörter. Wenn hohe Geldsummen in bar gezahlt werden, ist das immer verdächtig. Und dann noch: ein frisch eingemauerter Tresor. „Wir werden uns den Tresor ansehen und überprüfen, wann er eingebaut wurde“, sagte Kleinert und drückte seine Zigarre aus. „Für heute sind Sie entlassen, junger Mann. Ich bestelle Sie wieder her, sobald ich Ergebnisse habe."

Wenn Jutta Korte wirklich mit im Raum gewesen und zusammen mit Horst L. von Kleinert verabschiedet worden wäre, hätte sie sich schnellstens auf und davon gemacht. Das höhnische Lachen hätte sie verlassen und der Tic im linken Auge hätte an Frequenz zugelegt. Sie wäre Horst L. vorangeeilt, die Treppe hinunter, durch die Eingangstür, an Rosa vorbei. In sicherem Abstand vom Polizeigpräsidium hätte sie mit zitternden Fingern eine Nummer auf ihrem Mobiltelefon gewählt und aufgeregt erzählt, was Kleinert vorhatte. Dass er den Tresor überprüfen lassen wollte.

„Aber in dem Tresor ist ja nichts mehr", hätte es beruhigend aus dem Mobiltelefon geklungen.

War wirklich nichts mehr in dem Tresor? Horst L. und Rosa hatten ihn leer vorgefunden. Komplett leer, oder?

Als Horst L. seinerseits aus dem Gebäude trat, atmete er tief durch. Ein erneuter Sieg über Jutta Korte! Der Chef der Kriminalpolizei hatte sich zur Zusammenarbeit mit ihm entschlossen! Und da vorne wartete Rosa, wartete darauf, Horst L. zärtlich zu küssen. Auch das gehörte zur Therapie.

Leere Tresore sind nicht leer, nicht für die Polizei, die findet immer etwas darin: Spuren. Auch wann ein Wandtresor eingemauert wurde, kann die Polizei feststellen. Der von Professor Fuhrmann tatsächlich erst kürzlich, teilte Kleinert Horst L. mit. Dieser hatte seinen üblichen Platz eingenommen, Kleinert gegenüber am Schreibtisch, und Kleinert hatte sofort zu reden begonnen. Aber schon nach wenigen Sätzen machte er eine Pause. „Raten Sie mal, was wir in dem Tresor gefunden haben", forderte er Horst L. auf. Der zuckte mit den Schultern: „Keine Ahnung."

„Wir haben Kokainspuren entdeckt."

„Kokainspuren? Hat der Professor etwa auf seine alten Tage mit Rauschgift gehandelt? Hat er so die Augenoperation seiner Enkelkinder finanziert?"

Kleinert lachte: „Nein, nein, in dem Tresor wurde kein Rauschgift gelagert."

Horst L.: „Aber Sie sagten doch: Kokainspuren."

Kleinert: „Kokainspuren im Nanogrammbereich. Früher hätte man solch geringe Spuren nicht nachweisen können, aber die Messgeräte sind immer sensibler geworden."

Horst L.: „Und wo kommen diese Spuren her?"

Kleinert: „Von Geldscheinen."

Horst L.: „Von Geldscheinen? Ich verstehe nicht."

Kleinert: „In vielen Ländern der Erde und auch bei uns sind Geldscheine zu einem hohen Prozentsatz mit Kokain kontaminiert. Mit winzigsten Mengen nur, aber immerhin."

Horst L.: „Und wie kommt das?"

Kleinert: „Irgendein Drogenabhängiger nimmt einen Geldschein, streicht Kokain darauf, rollt den Schein zusammen und schnupft sich das Zeug in die Nase.“

Horst L.: „Ja und?“

Kleinert: „Dieser Geldschein infiziert in der Geldzählmaschine einer Bank oder in Geldautomaten Hunderte andere Scheine.“

Horst L.: „Ich verstehe.“

Kleinert: „In dem Tresor des Professors wurden also Geldscheine gelagert. Es muss eine erhebliche Menge gewesen sein – weshalb sollte man sich sonst einen Tresor einbauen lassen? Und ich glaube, Sie haben Recht: Mit diesem Geld hat Fuhrmann die Augenoperation seiner Enkelkinder bezahlt. Kurz vor seinem Tod. Wir werden den Fall neu aufnehmen. Haben wir ja schon getan.“

Horst L.: „Wofür könnte Otto Fuhrmann das Geld erhalten haben?“

„Wir tappen völlig im Dunkeln. Die Witwe verweigert die Aussage. Haben Sie eine Vermutung?“

Horst L. hatte eine. Sein autistisches Gehirn produzierte sie ihm von einem Sekundenbruchteil zum anderen. Sie war verwegen und verrückt: „Otto Fuhrmann bekam Geld dafür, dass er sich erschießen ließ.“

Wenn Horst L. neuerdings das Polizeipräsidium betrat, begegnete man ihm überall mit ausgesuchter Höflichkeit. Der Pförtner verzichtete auf eine Ausweiskontrolle. Beamte, die ihm auf dem Flur entgegenkamen, grüßten ihn mit Namen. Kleinerts Sekretärin erkundigte sich mit einem Wortschwall nach seinem Befinden, das war schon fast zu viel für einen Autisten. Und nie war Kleinert unpünktlich, immer schon saß er an seinem Schreibtisch und wartete auf Horst L. Auch rauchen tat er nicht mehr, die Zigarrenschachtel blieb in der Schreibtischschublade.

Und wenn sich Kleinert doch eine Zigarre hätte anzünden wollen? Dann hätte Horst L. möglicherweise gesagt: „Das lassen wir mal lieber, Herr Kleinert. Aber wenn Sie dem Drang nach Nikotin nicht widerstehen können, gehen Sie doch kurz auf den Hof und zünden Sie sich dort eine Zigarre an.“ Der Chef von einem Theologiestudenten zum Rauchen auf den Hof geschickt: Die Mitarbeiter hätten hinter den Fenstern die Hälse gereckt.

Horst L. war so oft auf dem Präsidium, weil er mit Kleinert zusammen Luftschlösser baute. Er war sozusagen außerordentliches Mitglied der Mordkommission. Kleinert war auf seinen Satz hin „Otto Fuhrmann bekam Geld dafür, dass er sich erschießen ließ“ wie elektrisiert gewesen. Er hatte sofort zugestimmt: „Ja, so war es! So muss es gewesen sein!“ Kriminalbeamte: *doch* Erbauer von Luftschlössern. Kein Unterschied zu Theologen. Chef der Kriminalpolizei und Theologiestudent verstanden sich auf einmal prächtig. Horst L. vertraute Kleinert alles an: Textkritik-Seminar bei Professor Fuhrmann; Autist mit absolutem Gedächtnis; apokryphe Evangelien; neu entdeckt: Jakobusevangelium; die Einzelheiten der Reise nach Genf; was dort im

Hotelzimmer geschah; die Begegnung mit Fuhrmanns Witwe auf dem Friedhof; Fuhrmanns tödliche Krankheit: Leukämie; das Treffen mit Jutta Korte; Preisgabe des Evangelientextes an sie. *Alles* erzählte Horst L. im Laufe der Zeit, nichts hielt er zurück. Und immer überlegten die beiden, wie man weiter vorzugehen habe. Aber sie standen vor einem Rätsel. Die einzelnen Elemente des Mordfalls fügten sich nicht zueinander.

Und wenn Kleinert, um besser nachdenken zu können, doch eine Zigarre paffen musste? Er fragte bei Horst L. nach, ob ihn das störe. Horst L.: Nein, das störe ihn nicht. Natürlich wäre Horst L. lieber gewesen, Kleinert wäre mit seiner Zigarre auf den Hof gegangen, aber ihn darum zu bitten oder ihn dazu gar aufzufordern, wagte er schließlich doch nicht.

Ja, beim Rauchen arbeitete Kleinerts Gehirn besser. Beim Rauchen kamen die Inspirationen. Beim Rauchen war das Bauen von Luftschlössern leichter. Kleinert schaute den Rauchkringeln hinterher, die, immer größer werdend, zur Decke stiegen. Ein O nach dem anderen, erst klein, dann groß. Ein Name, in dem ein O vorkam, darauf wiesen die Kringel hin. Jedenfalls für einen, der Luftschlösser baute. „Erzählen Sie mir mehr von der Journalistin Jutta Korte", bat Kleinert Horst L.

Jutta Korte? Was gab es da noch zu erzählen? Horst L. hatte schon alles gesagt. Hatte sogar den Tic im linken Auge erwähnt und dass er an Frequenz zulegte, wenn Jutta Korte sich aufregte.

Horst L., etwas ganz Wichtiges hast du noch nicht gesagt. Denk nach, jetzt ist der Augenblick, um in die Aufklärung des Mordfalls Bewegung zu bringen.

Horst L. schaute ebenfalls den Rauchkringeln hinterher. Und auch sein Gehirn, obwohl das eines Nichtrauchers, arbeitete mit Blick auf diese Gebilde plötzlich besser. Das Telefongespräch vor einiger Zeit mit Jutta Korte, das hatte er noch nicht erzählt. Wohl hatte er erzählt, dass der Neutestamentler der Fakultät, Klaus Burrmeister, das Jakobusevangelium für einen Bluff hielt. Und dass alle Neutestamentler wohl derselben Meinung waren. Aber dass er, Hort L., Jutta Korte angerufen und ihr das mitgeteilt hatte, das wusste Kleinert noch nicht. Horst L. begann zu berichten.

Kleinert: „Und die Reaktion der Journalistin, wie war die?"

Horst L.: „Ungehalten, sehr ungehalten. Sie teilte mir mit, dass sie sich mit dem Mordfall nicht noch einmal beschäftigen wolle, alles sei gesagt."

Kleinert: „Was antwortete sie, als Sie ihr sagten, dass die Gelehrtenschaft das Jakobusevangelium nicht für echt halte?"

Horst L.: „Sie sagte, ein hervorragender Vertreter seines Faches, eben Otto Fuhrmann, habe an der Echtheit des Jakobusevangeliums keine Zweifel gehabt."

Kleinert, mehr zu sich selber und den Rauchkringeln hinterherschauend: „Professor Fuhrmann gegen den Rest der Gelehrtenschaft ..."

Horst L.: „Ich wandte ein, Professor Fuhrmann sei schon sehr alt gewesen und habe sich vielleicht nicht mehr auf der Höhe des Forschungsstandes befunden."

Kleinert: „Was antwortete die Frau daraufhin?“

Horst L.: „Sie sagte, im Alter nehme die Weisheit zu. An der Schwelle des Todes urteile man anders als vorher.“

Kleinert sprang von seinem Schreibtischsessel hoch. *Sprang* – trotz dickem Bauch. Er fragte erregt: „Sagte sie *an der Schwelle des Todes*? Dann wusste sie, dass Fuhrmann bald sterben würde! Ein Indiz für ihre Verwicklung in den Mord! Ich will alles über diese Frau wissen, ich werde sie beschatten lassen.“

PARKPLÄTZE KÖNNEN SEHR AUFSCHLUSSREICH SEIN. Der Parkplatz, auf dem Horst L. sich umsah, gehörte zu einem Schlösschen am Stadtrand. Nur teure Autos waren hier abgestellt, schwere Limousinen und Sportwagen der Nobelmarken. Horst L. ging um einen Ferrari herum und schaute hinein. Auf dem Beifahrersitz lag eine Broschüre mit dem Titel: „Freidenkertum gestern und heute".

Freidenker sind offenbar reiche Leute. Sie gehören zur oberen Gesellschaftsschicht. Sie besitzen als Versammlungsort ein Schlösschen am Stadtrand. Beste Lage, gleich dahinter beginnt der Wald. Und auf dem Parkplatz ist der Geschmack dieser Leute für Luxus zu besichtigen.

Ein Auto allerdings zeugte nicht von Luxus-Geschmack, ein kleiner Ford, eingerahmt von einem Jaguar und einem Porsche. Man hätte fast Mitleid mit dem Auto haben können. Man hätte die Besitzerin gern gefragt: „Warum gönnen Sie sich nichts Besseres?"

Die Besitzerin war Jutta Korte. Horst L. war früh vor Versammlungsbeginn vor Ort gewesen und hatte in dem Biergarten nebenan Platz genommen, von wo aus er das Gelände der freidenkerischen Vereinigung gut überschauen konnte. Er hatte die Leute ankommen sehen, mit ihren schweren Limousinen und Sportwagen. Er hatte auch Jutta Korte ankommen sehen, mit ihrem kleinen Ford, den sie zwischen Jaguar und Porsche einparkte. Die Leute, meist schon älter, alle gut angezogen: leichte Sommeranzüge und leichte Sommerkostüme, begrüßten sich herzlich schon auf dem Parkplatz, standen in Grüppchen beisammen und verschwanden dann allmählich in dem Schlösschen.

Horst L. war also, nachdem die Leute in dem Schlösschen verschwunden waren, über den Parkplatz gegangen. Warum eigentlich? „Nur so", hätte er gesagt.

Manchmal gibt es kein „Nur so". Da läuft die Sache auf etwas hinaus, ohne dass man es selber weiß.

Worauf lief Horst L.s Herumstreichen auf dem Parkplatz hinaus? Es lief auf den Diebstahl einer Broschüre vom Beifahrersitz eines Ferrari, der nicht abgeschlossen war, hinaus.

Würde es ein Diebstahl ohne Risiko sein? Oder würde, wenn man die Autotür öffnete, die Alarmanlage anspringen? Doch nicht bei einem nicht abgeschlossenen Fahrzeug!

Ein Restrisiko blieb. Horst L. schaute sich um, niemand beobachtete ihn. Er wurde zum Dieb, machte seine Sache gut und schnell, ging dann aber, mit der

Broschüre in der Hand, *nicht schnell* vom Parkplatz. Ging gemessenen Schrittes. Nur nicht auffallen!

Kleinert hatte zu Horst L. gesagt: „Jutta Korte gehört zu einer freidenkerischen Vereinigung. Bei dem jetzigen Stand der Untersuchungen möchte ich meine Leute noch nicht dorthin schicken. Die Indizien sind zu schwach. Und das Auftauchen der Polizei könnte zum Verwischen von Spuren führen. Wollen Sie sich nicht einmal an dem Versammlungsort dieser Freidenker umsehen?"

Was genau sollte Horst L. dort tun? Das wusste Kleinert auch nicht, der Auftrag blieb vage. Und so kam es, dass Horst L. sich erst einmal in den Biergarten nebenan setzte, um zu beobachten. Das konnte nicht falsch sein. Und führte zu dem Diebstahl der Broschüre. Hoffentlich bot sie wertvolle Informationen! Horst L. beschloss, sie sofort zu lesen. Er suchte sich in einigem Abstand von dem Schlösschen eine Bank am Waldrand.

Ferdinand Graf von Buchkowitz, Inhaber einer Maschinenbaufirma, vielfacher Millionär, eingefleischter Junggeselle, Tennisspieler, Jogger, Ferrari-Fahrer, war, kaum aus dem Auto gestiegen, von zwei Damen in Sommerkostümen in Beschlag genommen worden. Das Sommerkostüm der einen war lila, das der anderen rosa. Beide Damen trugen breitrandige Hüte, und beide himmelten Graf von Buchkowitz an. Sie machten ihm um die Wette Komplimente: „Der weiße Sommeranzug steht Ihnen gut!" „Oh, eine neue Frisurr! Passt zu Ihnen!" „Was für eine sportliche Figur Sie haben!" „Sie fahren wirklich ein schönes Auto!"

Auf diese Weise überfallen, charmant überfallen, hatte der Graf vergessen, den Ferrari abzuschließen. Er rutschte, als ihm das eingefallen war, auf seinem Stuhl unruhig hin und her. Nach draußen gehen und das Auto verriegeln oder nicht? Nach draußen gehen würde bedeuten, etwas von dem Vortrag zu verpassen. Und der war sehr gut.

Horst L. auf seiner Bank am Waldrand dachte plötzlich, noch bevor er die Lektüre begann: „Ich muss die Broschüre zurückbringen. Sonst schöpft der Ferrari-Fahrer Verdacht. Falls die Freidenker etwas mit dem Mord zu tun haben, könnte es, wenn Verdacht geschöpft wird, zum Verwischen von Spuren kommen. Dann hätte Kleinert statt meiner auch seine Beamten schicken können. Ich habe also keine Wahl, die Broschüre muss zurück in den Ferrari. Ich werde den Inhalt mit meinem absoluten Gedächtnis fotografieren, verstehendes Lesen kommt später zu Hause."

Einen Inhaber einer Maschinenbaufirma und einen Theologiestudenten zog es zu einem Ferrari hin. Der eine befand sich in einem Vortrag, der andere saß auf einer Bank am Waldrand. Wer von beiden würde eher an dem Auto sein? Oder würden sie einander dort begegnen? Oder würde der Inhaber der

Maschinenbaufirma gar nicht zu dem Auto gehen? Weil er nichts von dem Vortrag verpassen wollte?

Die Kirchen und wir. Von einem Vortrag, der diesen Titel trägt, darf man wirklich nichts verpassen. Zumal der Redner, ein Universitätsprofessor für Philosophie, brillant ist. Irgendwann rutscht man nicht mehr unruhig auf seinem Stuhl hin und her, man sitzt still. Man hört gebannt zu, man nickt zustimmend mit dem Kopf. Man schaut zu Jutta Korte hinüber, die sitzt schräg rechts von einem. Sie nickt ebenfalls zustimmend mit dem Kopf. Und der Ferrari, was ist mit dem? Vergessen ist der, überlagert von der humanistischen Weltanschauung des Freidenkertums, wie sie vom Rednerpult aus präsentiert wird. Das ist, als ob man wieder Muttermilch saugt. Wer denkt da noch an unverschlossene Autos! Ohnehin kann der Ferrari nur mit dem autorisierten Schlüssel gestartet werden, und der steckt in der Hosentasche des weißen Sommeranzugs.

Die Kirchen und wir. Wir, die Freidenker, die Humanisten, die mit den hehren Zielen. Wir – frei von abstrusen religiösen Konstrukten. Frei von Mythen. Wir – immer bereit, uns für den Nächsten zu engagieren, für den Mitmenschen. Wohltätigkeit – das ist unsere Parole. Aber wir werden von der Gesellschaft verkannt. Wir werden marginalisiert. Wir führen ein Schattendasein. Macht und Ansehen haben in unserer Gesellschaft immer noch die Kirchen. Aber ...

Ein sehr betont und langsam gesprochenes *aber* leitete den zweiten Teil des Vortrags ein. Doch es erfolgte zunächst keine Weiterführung, der Redner machte eine längere Pause. Alle schauten ihn gespannt an. Ferdinand Graf von Buchkowitz spielte in der Hosentasche mit dem Ferrarischlüssel, ohne jedoch an das Auto zu denken. Jutta Kortes Tic im linken Auge legte an Frequenz zu. Und dann kam die Weiterführung: „Aber durch ein Ereignis, das an sich bedauernswert ist, befinden sich die Kirchen zurzeit in der Defensive. Wir hingegen sind im Aufwind. Sie wissen es, liebe Freunde, ich spiele auf den Kruzifix-Mord an. Eine christliche Geheimgesellschaft hat ein schlimmes Verbrechen begangen, ein verabscheuungswürdiges Verbrechen, aber wir, wir profitieren davon. Die Kirchen verlieren seit dem Kruzifix-Mord massiv an Mitgliedern, und wir legen zu. Die Leute kommen zu uns. Liebe Freunde, was für eine glückliche Wendung!“

Ferdinand Graf von Buchkowitz und Jutta Korte sahen sich an. Blinzelten sie nicht einander zu? Am liebsten hätte der Graf seine Hand aus der Hosentasche gezogen, hätte Ferrarischlüssel Ferrarischlüssel sein lassen und in Richtung Jutta Korte das Victory-Zeichen gemacht. Aber das wagte er dann doch nicht.

Und Horst L.? Der hatte inzwischen die Broschüre wieder auf dem Beifahrersitz des Ferrari abgelegt. Sehr vorsichtig war er vorgegangen, er hatte sich wieder umgeschaut, ob ihn niemand beobachtete. Unnötige Maßnahme,

Ferdinand Graf von Buchkowitz hatte seinen Ferrari ja vollkommen vergessen. Nach der Rückgängigmachung des Diebstahls war Horst L. wieder in den Biergarten gegangen. Die Kellnerin hatte ihn fragend angeschaut: Wieso kommt jemand am selben Abend zweimal? Und dazu noch in kurzem Abstand? Egal, ein Kunde mehr. Der bestellte wieder ein kleines Bier. Und trank langsam, nur in kleinen Schlucken. Er wartete auf das Ende der Freidenker-Veranstaltung. Endlich verließen die ersten Leute das Schlösschen. In kleinen Gruppen, sich angeregt unterhaltend, der Vortrag war ja so informativ gewesen. Man musste alles noch verdauen. Einige Grüppchen standen noch lange auf dem Parkplatz, ehe man sich endlich voneinander verabschiedete und die Autos bestiegen wurden, die schweren Limousinen und die Sportwagen.

Nicht bestiegen wurden ein kleiner Ford und ein Ferrari. Jutta Korte und Ferdinand Graf von Buchkowitz waren ja auch noch gar nicht aus dem Schlösschen gekommen. Der Parkplatz war schon leer, als sie kamen. Und sie gingen nicht zu ihren Autos, sie blieben in der Mitte des Parkplatzes stehen, zögerten, schienen zu überlegen, diskutierten. Horst L. wäre gern dabei gewesen. Aber das Gespräch hätte ihm keine besonderen Informationen geliefert:

Der Graf: „Sollen wir noch essen gehen? Ich lade dich ein."

Jutta Korte: „Viel Hunger habe ich nicht."

Der Graf: „Dann lohnt es sich nicht, in ein schönes Restaurant zu gehen."

Jutta Korte: „Nein, lohnt sich nicht."

Der Graf: „Und wenn wir in den Biergarten gehen? Für einen kleinen Imbiss? Bockwurst mit Kartoffelsalat oder so etwas?"

Jutta Korte: „Ja, das würde mir Freude machen."

Der Graf: „Dann können wir in Ruhe über alles sprechen."

Jutta Korte: „Über den Sieg."

Der Graf: „Ja, über den Sieg."

Was für eine Chance für Horst L.! Möglicherweise zuhören können, wie über *den Sieg* gesprochen wurde! Aber musste er den Biergarten nicht schleunigst verlassen, um nicht erkannt zu werden? Die beiden steuerten bereits auf die Terrasse mit den Kastanienbäumen zu. In Biergärten sind immer Kastanienbäume. Ein Kastanienbaum, sein dicker Stamm, als Deckung! Horst L. verrückte, als der Graf und Jutta Korte näherkamen, seinen Stuhl und auch sein kleines rundes Tischchen, bis der Stamm zwischen ihm und den Ankommenden war. Wo würden sie sich setzen? So, dass Horst L.s Deckung erhalten blieb? Er musste Stuhl und Tischchen noch ein bisschen mehr verrücken, dann stimmte es. Der Stamm war jetzt zwischen ihm und dem Tisch, an dem Jutta Korte und der Graf Platz genommen hatten. Aber ziemlich weit entfernt waren die beiden. Zu weit zum Mithören? Vielleicht, vielleicht auch nicht. Es würde darauf ankommen, ob sie laut oder leise sprechen würden.

Die Bestellung wurde leise aufgegeben. Aber Horst L. sah sehr bald, was bestellt worden war: Die Kellnerin kam mit zwei großen Bieren und zwei Portionen Bockwurst mit Kartoffelsalat.

Jetzt wurde es laut:

„Prost!"

„Prost!"

Dann wurde erst einmal getrunken. Danach leise gesprochen. Zwischendurch wurde laut gelacht. Dann wurde eine Weile lang weder gesprochen noch gelacht, da wurde gegessen.

Horst L. hatte auf einmal auch Hunger. Er winkte die Kellnerin herbei: „Eine Bockwurst mit Kartoffelsalat bitte. Und noch ein Bier, jetzt ein großes."

Horst L. trank sonst kaum Bier, aber im Biergarten wird man zum Biertrinker. In diesem speziellen Fall wurde man, hoffentlich, zum biertrinkenden *Zuhörer*. Zuhörer eines Gesprächs, das Licht in einen Mordfall bringen könnte.

Redet, Jutta Korte und Ferdinand Graf von Buchkowitz, redet über den Sieg! Und redet laut genug!

Jutta Korte und Ferdinand Graf von Buchkowitz hätten *nicht* laut geredet, wenn noch andere Gäste im Biergarten gewesen wären. Aber sie waren die einzigen. Horst L. sahen sie nicht. Ganz am Rand saßen noch ein paar Jugendliche, die lachten und lärmten, derentwegen musste man nicht leise sprechen.

Der Graf: „Noch einmal: Prost! Auf unseren Sieg!"

Jutta Korte: „Prost! Auf unseren Sieg!"

Die Bierkrüge schlugen aneinander. Halbliterkrüge sind dickwandig, mit denen kann man kräftig anstoßen.

Der Graf: „Wir sollten am Grab des Professors einen Blumenstrauß ablegen. Für das, was wir dem Mann verdanken."

Jutta Korte: „Damit könnten wir uns verdächtig machen. Stell dir vor, uns beobachtet jemand."

Der Graf: „Ich habe das nur so dahingesagt. Aber stimmen tut, dass der Tod dieses Mannes unserer Bewegung großen Aufschwung gegeben hat."

Jutta Korte: „Wie wir es vorausgesehen haben."

Der Graf: „Ja, wie wir es vorausgesehen haben."

Jutta Korte: „Wenn ich fragen darf: Wie viel hat dich eigentlich der Killer gekostet?"

Ein Stöhnen. Dann: „Oh, der Mann war sehr, sehr teuer. Aber ich werde es verkraften."

Jutta Korte: „Die Summe?"

Der Graf: „Verrate ich nicht. Geschäftsgeheimnis."

Jutta Korte: „Auch die Summe, die du für die Operation der Kinder ausgegeben hast, hast du mir nicht verraten."

Der Graf: „Ebenfalls Geschäftsgeheimnis."

Jutta Korte: „Du bist ein großzügiger Mann. Und machst von deinen Wohltaten kein Aufhebens."

Der Graf: „Danke."

Jutta Korte: „Der Professor verdankt dir einen gnädigen Tod."

Der Graf: „Ich will mich nicht rühmen, aber so ist es."

Jutta Korte: „Zwei blinden Kindern hast du zum Augenlicht verholfen, einem Leukämiekranken zum gnädigen Tod. Bravo! Das Wichtigste aber ist, dass wir dir einen Aufschwung unserer Bewegung verdanken."

Der Graf: „Vergiss nicht, dass auch du deinen Teil dazu beigetragen hast."

Die Bierkrüge wurden wieder aneinandergestoßen, und man hörte wieder:

„Prost!"

„Prost!"

Kleinert hatte Horst L. auch seine Privatnummer gegeben. „Für alle Fälle", hatte er gesagt. „Sie können mich auch mitten in der Nacht anrufen, ich bin immer im Dienst."

Es war nicht mitten in der Nacht, aber schon spät am Abend. Horst L. konnte in sein Mobiltelefon nur hinein*flüstern* - er musste vermeiden, von Jutta Korte und Ferdinand Graf von Buchkowitz gehört zu werden. Er flüsterte: „Kommen Sie sofort. Und bringen Sie mehrere Beamte mit, dann können Sie die beiden Drahtzieher des Kruzifix-Mordes sofort festnehmen. Ort: der Biergarten neben dem Grundstück der Freidenker."

Es dauerte nur zehn Minuten, und auf den Parkplatz der Freidenker fuhren mit scharfem Tempo zwei Streifenwagen. Einer stellte sich vor den Ferrari, einer hinter ihn. Aus jedem Streifenwagen sprangen zwei uniformierte Beamte. Sie rannten auf den Biergarten zu. Kleinert schritt gemächlich hinterher.

In einer Extremsituation legte Jutta Kortes Tic im linken Auge nicht nur an Frequenz zu, sondern sprang auch auf das rechte Auge über. Beide Augen tickten dann in sehr raschem Tempo. Extremsituation – jetzt war eine. Der Tisch im Biergarten, an dem Jutta Korte und Ferdinand Graf von Buchkowitz saßen, wurde von vier Polizeibeamten umstellt. Ein fünfter Polizist, der Chef der Kriminalpolizei, Kleinert, baute sich mit seiner Leibesfülle vor den beiden auf und sagte: „Ich beschuldige Sie der Mittäterschaft im Mordfall Professor Fuhrmann."

Es war ziemlich gewagt, was Kleinert da gesagt hatte, verfügte er doch über keinerlei Beweise. Er verfügte nur über die Informationen, die ihm Horst L. am Telefon gegeben hatte. Und so stand er dumm da, als Ferdinand Graf von Buchkowitz siegessicher erwiderte: „Sie können uns nichts nachweisen."

Nein, konnte er nicht. Aber Horst L. würde es können, oder? Der kam langsam auf die Gruppe zu. Siegessicher auch er. Siegessicherheit stieß auf Siegessicherheit. Alle schauten Horst L. gespannt an. Kleinert schaute ihn *hilfesuchend* an. Wenn Horst L. jetzt nicht lieferte, war er, Kleinert, blamiert. Er müsste seine Beamten zurück in die Streifenwagen schicken, müsste sich entschuldigen, müsste sich gedemütigt davonmachen.

Alles hing jetzt von Horst L. ab. Der war kein begabter Stimmennachahmer, aber den Unterschied zwischen einer Männerstimme und einer Frauenstimme bekam er doch hin:

Horst L. mit Männerstimme: „Noch einmal: Prost! Auf unseren Sieg!“

Mit Frauenstimme: „Prost! Auf unseren Sieg!“

Männerstimme: „Wir sollten am Grab des Professors einen Blumenstrauß ablegen. Für das, was wir dem Mann verdanken.“

Frauenstimme: „Damit könnten wir uns verdächtig machen. Stell dir vor, uns beobachtet jemand.“

Männerstimme: „Ich habe das nur so dahingesagt. Aber stimmen tut, das der Tod dieses Mannes unserer Bewegung großen Aufschwung gegeben hat.“

Frauenstimme: „Wie wir es vorausgesehen haben.“

Männerstimme: „Ja, wie wir es vorausgesehen haben.“

Frauenstimme: „Wenn ich fragen darf: Wie viel hat dich eigentlich der Killer gekostet?“

Männerstimme: Ein Stöhnen. Dann: „Oh, der Mann war sehr, sehr teuer. Aber ich werde es verkraften.“

Frauenstimme: „Die Summe?“

Männerstimme: „Verrate ich nicht. Geschäftsgeheimnis.“

Frauenstimme: „Auch die Summe, die du für die Operation der Kinder ausgegeben hast, hast du mir nicht verraten.“

Männerstimme: „Ebenfalls Geschäftsgeheimnis.“

Frauenstimme: „Du bist ein großzügiger Mann. Und machst von deinen Wohltaten kein Aufhebens.“

Männerstimme: „Danke.“

Frauenstimme: „Der Professor verdankt dir einen gnädigen Tod.“

Männerstimme: „Ich will mich nicht rühmen, aber so ist es.“

Frauenstimme: „Zwei blinden Kindern hast du zum Augenlicht verholfen, einem Leukämiekranken zum gnädigen Tod. Bravo! Das Wichtigste aber ist, dass wir dir einen Aufschwung unserer Bewegung verdanken.“

Männerstimme: „Vergiss nicht, dass auch du deinen Teil dazu beigetragen hast.“

Stille. Schweigen. Fassungslosigkeit bei allen. Bei Kleinert kam zur Fassungslosigkeit ein Triumphgefühl hinzu. Dieser famose Theologiestudent mit dem absoluten Gedächtnis! Ob man ihn nicht tatsächlich für die Polizeilaufbahn abwerben sollte?

Und dann die Ernüchterung.

Ferdinand Graf von Buchkowitz erhob sich und fragte in Richtung Kleinert: „Ist die Theateraufführung beendet? Dürfen wir nun gehen? Denn festhalten aufgrund dieser phantasievollen Plapperei können Sie uns nicht.“ Und zu den

Streifenbeamten: „Heben Sie bitte die Blockade meines Autos auf. Ich möchte jetzt nach Hause fahren."

Phantasievolle Plapperei. So würde es auch der Staatsanwalt bezeichnen. Er würde der Darstellung des Grafen folgen, nicht der Darstellung Horst L.s Horst L.: „Ich habe das alles so gehört." Der Staatsanwalt: „Mag sein. Aber gerichtsverwendbar ist es nicht. Um Anklage zu erheben, brauche ich handfeste Beweise."

Handfeste Beweise, gab es die? *Einen Beweis* gab es, ja natürlich! Der befand sich ebenfalls im absoluten Gedächtnis Horst L.s.

Aber nicht nur dort.

Der lag auch auf dem Beifahrersitz des Ferrari. Des immer noch unverschlossenen Ferrari. Ferdinand Graf von Buchkowitz hatte es nicht für nötig gehalten, das Auto zu verriegeln, er konnte es ja vom Biergarten aus sehen. Horst L.s Blick wanderte zu dem Auto hin. Dort befand sich auf dem Beifahrersitz die Broschüre „Freidenkertum gestern und heute". Horst L. las zunächst laut den Titel vor. Alle schauten ihn verwundert an: Jutta Korte, Ferdinand Graf von Buchkowitz, Kleinert, die vier Streifenbeamten.

Horst L.: „Ich schlage in dieser Broschüre, die auf dem Beifahrersitz des Autos dieses Herrn liegt" Horst L. deutete auf den Grafen „die Seite 23 auf. Oh, hier wurde fleißig angestrichen. Mit rotem Kugelschreiber ..."

Horst L. machte eine Pause, um seine Worte wirken zu lassen. Er schaute in die Runde. Ferdinand Graf von Buchkowitz, der sich wieder gesetzt hatte, spielte nervös mit dem Ferrarischlüssel. Den hatte er schon vorher, als er aufgestanden war, aus der Hosentasche seines weißen Sommeranzugs gezogen. Während er zu den Streifenbeamten gesagt hatte „Heben Sie bitte die Blockade meines Autos auf. Ich möchte jetzt nach Hause fahren", hatte er zur Bekräftigung seiner Worte mit dem Schlüssel herumgefuchtelt.

Jetzt aber: nervöses Spielen.

Und Jutta Kortes Tic in beiden Augen? – Da schaute man lieber nicht hin.

Seite 23 der Broschüre also. Die roten Anstreichungen. Horst L.: „Dieser Herr" er deutete wieder auf den Grafen „hat auf Seite 23 nicht nur fleißig angestrichen, er hat auch einen Kommentar an den Rand geschrieben. Dieser Kommentar lautet, ich zitiere wörtlich: ..."

Ferdinand Graf von Buchkowitz: „Hören Sie auf, hören Sie auf!"

Kleinert zu einem der Streifenbeamten: „Holen Sie bitte die Broschüre." Und zu Ferdinand Graf von Buchkowitz: „Geben Sie dem Beamten Ihren Autoschlüssel."

Horst L. musste sich verkneifen, zu sagen: „Der Schlüssel ist nicht nötig, der Wagen ist offen." Er ließ es den Grafen sagen. Der war zu normalem Sprechen nicht mehr fähig, der stotterte: „Der ... der ... Schlüssel ist ... nicht ... nicht ... nötig, der ... der ... Wagen ist ... ist ... offen."

Wie Horst L. ein fast geheilter Autist war, war Ferdinand Graf von Buchkowitz ein fast geheilter Stotterer. Aber in Extremsituationen schlug das Stottern wieder durch.

Printed by Books on Demand GmbH, Norderstedt / Germany